# Learn Spanish with Stories for Beginners (with audio):

**10 Easy Short Stories with English Glossaries throughout the text (Volume 2)**

*Claudia Orea and Daniel Alvares*

# Table of Contents

# Introduction

Reading is an entertaining and truly effective way to learn a new language. It is also the key to building better and more natural-sounding sentences. The problem is, when you're starting out with a new language, it can be difficult to look for suitable reading materials. Either you drown in a sea of vocabulary you don't understand or you get lost in lengthy narratives that make your eyes water and your attention wander. Both would render the entire activity useless and a total waste of time.

Some people suggest starting out with children's books. But is it really effective? Children's books contain choice vocabulary and expressions especially selected for children. Its themes may not also be relevant to an adult learner's daily life.

There are other books also that are written in parallel text. But this is not one of those. Books in parallel text have a tendency to make people choose the easier option, and therefore, gravitate towards the English text instead of reading the story in Spanish.

## What this book is about

So it's not a lengthy narrative and it's not a children's book either. Neither is it written in parallel text. *So what exactly is it?*

Instead of those mentioned, this book strives to embed effective learning aids directly into the material. You will have an audio that you can listen to so you can follow along with the pronunciation. You will have a Spanish and English glossary within the stories itself, so there will be no need for a dictionary to help you with words you don't understand. You can practice your writing by coming up with your own words to sum up your understanding of the story, and then you can compare it afterwards with the summary provided after each story.

## The Stories

This book contains a total of ten short stories that revolve around daily themes. The stories are short enough to keep your attention intact (1,500 words in length) but long enough to make you feel a sense of accomplishment and progress after finishing each one.

You'll find that the stories are written using a varied, useful vocabulary and a diverse grammar structure. The combination of dialogue and descriptions are carefully selected to suit beginner to low-intermediate level learners. This will help your comprehension for both written and oral communication and will help you in the day-to-day: whether for reading newspapers or for understanding daily lingo spoken on the street.

## How to use this book
The stories are short enough to be consumed in one sitting, so read the story from beginning to end. If the

passages contain words that are difficult for you to understand, you can find them in the glossary throughout the text. After reading the story for the first time, you can then listen to the audio and follow along with reading, to help you practice listening and hone your pronunciation as well.

After going through the story with audio, you can repeat reading for as many times as you like, but if you feel you have grasped its entirety, you can then proceed to the quiz at the end of the chapter, summarize the story in your own words and compare it with the summary provided, and finally, review the new vocabulary you have learned.

## About the audio

The stories have been recorded by a professional: Abel Franco. He recorded the audio at a slightly slower speed than how  Spanish people speak but at a path that's not too easy. Not too slow, so it won't sound unnatural.

With this, we guarantee a high quality of sound for your listening pleasure. Instructions to download the audio has been placed at the end of the book. Please use the clickable table of contents to go there directly.

.

# TEXTO #1 - EL VIAJE A MEXICO D.F.

Mark y Laura son una pareja de jóvenes **arquitectos**. Para su quinto **aniversario** de bodas han decidido viajar a México para hacer un tour por México D.F. Les gusta mucho su historia y quieren ver la **arquitectura** de esta gran ciudad.

— ¿Sabías que México ocupa el primer puesto en América en número de **lugares** declarados **Patrimonio de la Humanidad** por la Unesco? —le dijo Laura a Mark mientras **planeaban**su viaje leyendo una guíaconmucha información sobre la ciudad.

Laura continuó leyendo:«Esto se debe a la relevancia **cultural** de muchas de las obras **arquitectónicas** de ese país, ya que en México se conservan partes enteras de ciudades **prehispánicas**, ejemplos intactos de **estructurascoloniales** y **edificacionesmodernistas** que surgieron dentro del **funcionalismo** y dieron vida a la nueva arquitectura mexicana del siglo XX.»

**arquitectos/as - architects**

**aniversario - anniversary**

**arquitectura** - architecture

**lugares** - places

**patrimonio de la humanidad** - world heritage

**planeaban (planear)** - planned (to plan)

**cultural** - cultural

**arquitectónicos/as** - architectural

**prehispánicos/as** - prehispanic

**estructurascoloniales** - colonial structures

**edificacionesmodernistas** - modernist buildings

**funcionalismo** - functionalism

Mark estaba muy interesado. Cuando visitó México con 19 años se enamoró del país, y siempre había querido regresar y hacer un viaje de este tipo. Cuando conoció a Laura en la universidad ella le dijo que también le gustaba mucho México y quería conocer más de su cultura.

Fue así como prepararon todo para dejar su país durante un par de semanas. En México era verano mientras que en Inglaterra era invierno. Salir del frio y la nieve de Londres y viajar a un lugar lleno de sol y calor era lo que necesitaban en ese momento.

Llegaron a México D.F. un viernes. La ciudad era grande y estaba llena de vida. Había mucha gente caminando de un lado a otro y la comida era excelente.

Al día siguiente conocieron a Miguel, su **guía turístico** que les haría un **recorrido** por la ciudad.

Miguel los recibió junto con otro grupo de personas de varias partes del mundo. Era un grupo con **nacionalidades** muy variadas: **japoneses**, **alemanes**, **españoles**, **venezolanos** y **colombianos**.

**guía turístico** - tour guide

**recorrido** - route

**nacionalidades** - nationalities

**japoneses/as** - japanese

**alemanes/as** - german

**españoles/as** - spanish

**venezolanos/as** - venezuelan

**colombianos/as** - colombian

—Hola, mi nombre es Miguel Flores y a continuación les haré un gran recorrido por la ciudad de México – dijo animado—. Iremos a cinco edificios **históricos** de la ciudad, algunos de ellos **construidos** después del **periodocolonial**. Cualquier duda que tengan por favor levanten la mano, gracias. ¡Empecemos!

La primera parada fue la **CatedralMetropolitana** de la ciudad de México.

**históricos/as -** historical

**construidos (construir) -** built (to build)

**periodo colonial -** colonial period

**catedral -** cathedral

**metropolitano/a -** metropolitan

«Este podría ser considerado como el mejor ejemplo de la arquitectura **colonial** en todo el **continente**— dijo Miguel al grupo—.Ahora mismo nos encontramos en el **Centro Histórico,** y su **construcción** tardó tres **siglos** en finalizarse por completo. Su **estructura** cuenta a través de sus muros las variadas etapas del México **Virreinal.** Éstos tienen diferentes estilos arquitectónicos entre los que se reconocen fácilmente elementos **renacentistas**, **barrocos** y **neoclásicos** que se unen de manera espectacular. La primera **piedra** de la catedral fue colocada por Hernán Cortés en 1524 y la fachada fue finalizada en 1813 bajo la dirección del arquitecto Manuel Tolsá.»

**Colonial** - colonial

**continente** - continent

**centro histórico** - historical center

**construcción** - construction

**siglos** - centuries

**estructura** - structure

**virreinal** - viceregal

**renacentistas** - renaissance

**barrocos/as** - baroque

**neoclásicos/as** - neoclassical

**piedra** - stone

Mark y Laura sabían muy bien de lo que Miguel estaba hablando y estaban sorprendidos de la belleza de la catedral. Pasaron unas 2 horas viendo todo con calma, tomando fotos, hablando con Miguel sobre temas relacionados con la arquitectura y la cultura en general. Más tarde, Miguel les dijo que era momento de ir a la siguiente **ubicación**. «Os va a encantar, confiad en mí» les dijo.

El segundo lugar que visitaron fue el **PalacioPostal**

«También conocido como el Palacio de **Correos** de México o la Quinta Casa de Correos —dijo Miguel mostrándoles el lugar—, es una de las edificaciones de arquitectura **ecléctica** más **emblemáticas** del Centro Histórico. Su construcción se inició el 14 de septiembre de 1902 a cargo del **italiano** Adamo Boari (quien también trabajó en el Palacio de **Bellas Artes**) y tardó cinco años en finalizarse. El edificio es de arquitectura ecléctica y posee una combinación de elementos pertenecientes a los estilos del **plateresco isabelino** fusionado con el **gótico veneciano**. Su última restauración se llevó a cabo en la década de los 90.»

**Ubicación** - location

**palacio** - palace

**postal** - postal

**correos** - mail

**ecléctico/a** - eclectic

**emblemáticos/as** - emblematic

**italiano/a** - italian

**bellas artes** - fine arts

**plateresco/a -** plateresque

**isabelino/a -** elizabethan

**gótico/a -** gothic

**veneciano/a -** venetian

De nuevo Mark, Laura y todo el grupo se enamoraron totalmente del edificio. Miguel era muy buen guía, respondía todo tipo preguntas y despejaba todas las dudas del grupo. Mark y Laura seguían haciendo fotos de todo, disfrutando del día.
El tercer lugar que visitaron fue el Palacio de Bellas Artes.

—**Originalmente**pensado para ser el nuevo TeatroNacional, fue una de las últimas **órdenes** del presidente Porfirio Díaz en **conmemoración** al **Centenario** del Inicio de la **Independencia** de México. Su construcción comenzó el 2 de agosto de 1904. En un principio, el **proyecto** estuvo a cargo de Adamo Boari, quien **fusionó** elementos del Art Nouveau y el Art Decó para su construcción. Tras el **estallido** de la **revolución** en 1910 y la **decadencia** económica del país, Boari regresa a Europa en 1916 y la **obra** queda **inacabada** (sólo faltaba el **recubrimiento** de la **cúpula**). En 1930, el presidente Pascual Ortiz Rubio **encomienda** al arquitecto Federico E. Mariscal su **acabado**. Dos años más tarde se cambia el nombre a Palacio de Bellas Artes y el 10 de marzo de 1934 por fin es **finalizado**.

**Originalmente** - originally

**órdenes** - mandates

**conmemoración** - commemoration

**centenario** - centenary

**independencia** - independence

**historia** - history

**proyecto** - project

**fusionó** - fused

**estallido** - outbreak

**revolución** - revolution

**decadencia** - decline, fall

**obra** - work

**inacabado/a** - unfinished

**recubrimiento** - covering

**cúpula** - dome

**encomienda** - entrusts

**acabado/a** - finish

**finalizado/a -** finalized

Una vez finalizado el tour por el día Mark y Laura vuelven al hotel y tienen una gran cena con el resto del grupo de turistas, emocionados por ver más lugares al día siguiente.

Miguel llegó a eso de las 9 de la mañana. Después del desayuno pasearon por otras partes de la ciudad, la **plaza mayor**, los **mercados de pulgas** y un restaurante con comida típica donde almorzaron todos juntos.

Tras el almuerzo en grupo, Miguel los llevó a la **Torre Latinoamericana**

—Este **icónicorascacielos** construido para alojar a la compañía *La Latinoamericana Seguros S.A.* estuvo a cargo de los arquitectos Augusto H. Álvarez y Alfonso González Paullada. La construcción se inició en febrero de 1948. La Torre Latinoamericana fue **inaugurada** como la primera y mayor **construcción** en el mundo con fachada de **vidrio** y **aluminio**, además de ser el primer rascacielos construido en una zona de alto **riesgosísmico**. La estructura fue finalizada a principios de 1956 y obtuvo un gran **prestigio** tras **resistir** el potente

**terremoto** de 1957, gracias a su estructura de **acero**.

**plaza mayor** - main square

**mercados de pulgas** - flea markets

**torre** - tower

**latinoamericano/a** - latin american

**icónico/a** - iconic

**rascacielos** - skyscraper

**inaugurado/a** - inaugurated

**construcción** - construction

**vidrio** - glass

**aluminio** - aluminum

**riesgo** - risk

**sísmico** - seismic

**resistir** - to resist,/ to hold

**terremoto** - earthquake

Mark y Laura estaban **asombrados** por la historia del terremoto y de lo bien construido que estaba el rascacielos. Hoy en día hacen los edificios para resistir terremotos, sobre todo en México D.F., que **tiembla** casi todos los días. Los mexicanos ya están acostumbrados a vivir de esta manera, y los que trabajan en grandes edificios como estos nunca sienten miedo, ya que saben que el rascacielos está bien construido.

El último lugar que visitaron en México D.F fue el Museo Universitario Arte **Contemporáneo**.

—**Coloquialmente** conocido como MUAC, se trata del primer museo público destinado al arte **contemporáneo** en México. El proyecto corrió a cargo del arquitecto Teodoro González de León y tardó solo dos años en finalizarse. La arquitectura del edificio es casi **futurista**, sello **característico** del arquitecto mexicano. **Presenta** un interesante **diseño** de **iluminación,** pues todas las salas cuentan con iluminación natural filtrada con doble **reflejo** que produce luz **envolvente** y permite apreciar fácilmente las obras que **alberga** en su **interior**.

**asombrados/as -** amazing

**tiembla -** shakes

**contemporáneo/a -** contemporary

**coloquialmente -** colloquially

**futurista -** futuristic

**característico/a -** distinctive

**presenta (presentar) -** presents (to present)

**diseño -** design

**iluminación -** lighting

**reflejo -** reflection

**envolvente -** surround

**alberga (albergar) -** harbors/harbours (to harbor/harbour)

**interior -** interior/inside

Después de pasar el resto de la tarde en el museo viendo todas las **obras de arte, pinturas, esculturas, fotografías,** etc... Mark y Laura discutieron sobre cuál había sido su lugar favorito.

Laura concluyó que su favorito era el Palacio de Bellas Artes, junto con el Museo Universitario de Arte Contemporáneo.

Mark afirmó que los suyos fueron la Catedral Metropolitana y la Torre Latinoamericana.

Tras México D.F. viajaron a la **playa** de Acapulco para disfrutar del resto del viaje. Se despidieron de Miguel y del resto del grupo de turistas, y disfrutaron de su estancia en México, apreciando cada momento de su aniversario en el hermoso país americano.

**obras de arte** - artworks

**pinturas** - paintings

**esculturas** - sculptures

**fotografías** - photographies

**playa** - beach

## PREGUNTAS

1) ¿Por qué deciden Mark y Laura visitar México?

    a) Porque no tenían dinero para ir a otro sitio.
    b) Porque tienen familia allí.
    c) Porque quieren ver la arquitectura de México DF.
    d) Porque se lo regalaron unos amigos.

2) ¿En qué país viven Mark y Laura?

    a) En Inglaterra.
    b) En España.
    c) En Alemania.
    d) No se sabe.

3) ¿Con qué otros nombres se conoce al Palacio Postal?

    a) Quinta Casa de Correos.
    b) Palacio de Correos.
    c) Las dos son correctas.
    d) Ninguna es correcta.

4) ¿En qué año fue el potente terremoto que resistió la Torre Latinoamericana y que le dio mucho prestigio?

a) 1948

b) 1956

c) 1904

d) 1957


5) ¿Cuáles fueron los sitios favoritos de Laura?

a) El Palacio de Bellas Artes y la Torre Latinoamericana.

b) El Palacio de Bellas Artes y el Museo Universitario de Arte Contemporáneo.

c) La Catedral Metropolitana y la Torre Latinoamericana.

d) El Palacio de Bellas Artes y la Catedral Metropolitana.


## SOLUCIONES

1) C

2) A

3) C

4) D

5) B


## RESUMEN

Mark y Laura son arquitectos. Llevan cinco años casados y para celebrarlo deciden visitar la ciudad de México para ver sus edificios.

## SUMMARY

Mark and Laura are architects. They have been married for five years and,to celebrate it, they decide to visit Mexico City to see the buildings.

# VOCABULARIO

**arquitectos/as -** architects
**aniversario -** anniversary
**arquitectura -** architecture
**lugares -** places
**patrimonio de la humanidad -** world heritage
**planeaban (planear) -** planned (to plan)
**cultural -** cultural
**arquitectónicos/as -** architectural
**prehispánicos/as -** prehispanic
**estructurascoloniales -** colonial structures
**edificacionesmodernistas -** modernist buildings
**funcionalismo -** functionalism
**guía turístico -** tour guide
**recorrido -** route
**nacionalidades -** nationalities
**japoneses/as -** japanese
**alemanes/as -** german
**españoles/as -** spanish
**venezolanos/as -** venezuelan
**colombianos/as -** colombian
**históricos/as -** historical
**construidos (construir) -** built (to build)
**periodo colonial -** colonial period
**catedral -** cathedral
**metropolitano/a -** metropolitan
**Colonial -** colonial
**continente -** continent
**centro histórico -** historical center
**construcción -** construction

siglos - centuries
estructura - structure
virreinal - viceregal
renacentistas - renaissance
barrocos/as - baroque
neoclásicos/as - neoclassical
piedra - stone
Ubicación - location
palacio - palace
postal - postal
correos - mail
ecléctico/a - eclectic
emblemáticos/as - emblematic
italiano/a - italian
bellas artes - fine arts
plateresco/a - plateresque
isabelino/a - elizabethan
gótico/a - gothic
veneciano/a - venetian
Originalmente - originally
órdenes - mandates
conmemoración - commemoration
centenario - centenary
independencia - independence
historia - history
proyecto - project
fusionó - fused
estallido - outbreak
revolución - revolution

**decadencia** - decline, fall
**obra** - work
**inacabado/a** - unfinished
**recubrimiento** - covering
**cúpula** - dome
**encomienda** - entrusts
**acabado/a** - finish
**finalizado/a** - finalized
**plaza mayor** - main square
**mercados de pulgas** - flea markets
**torre** - tower
**latinoamericano/a** - latin american
**icónico/a** - iconic
**rascacielos** - skyscraper
**inaugurado/a** - inaugurated
**construcción** - construction
**vidrio** - glass
**aluminio** - aluminum
**riesgo** - risk
**sísmico** - seismic
**resistir** - to resist,/ to hold
**terremoto** - earthquake
**asombrados/as** - amazing
**tiembla** - shakes
**contemporáneo/a** - contemporary
**coloquialmente** - colloquially
**futurista** - futuristic
**característico/a** - distinctive
**presenta (presentar)** - presents (to present)
**diseño** - design

**iluminación** - lighting
**reflejo** - reflection
**envolvente** - surround
**alberga (albergar)** - harbors/harbours (to harbor/harbour)
**interior** - interior/inside
**obras de arte** - artworks
**pinturas** - paintings
**esculturas** - sculptures
**fotografías** - photographies
**playa** - beach

# TEXTO #2 - CUANDO EL DOCTOR SE ENFERMA.

El Doctor Hernán es **médico**, tiene 55 años, y 20 de experiencia como doctor. Vive en una ciudad con una población muy grande y en estas ciudades grandes los **virus** se propagan muy rápido. La temporada de lluvia trae muchas **alergias** y **enfermedadesvirales,** y el doctor lo sabe muy bien.

En la primera semana de invierno atendió a un **paciente** adulto, un abuelo con los siguientes síntomas: **fiebre**, **enrojecimiento** de la cara, **dolores** de cuerpo y **fatiga**. El **diagnóstico** fue **gripe**.

El doctor sabe que la gripe no tiene un **tratamiento** real, y lo único que puede hacer es darle al paciente un tratamiento para el **alivio** de los **síntomas**. Los principales **medicamentos** utilizados son los **analgésicos** y **antipiréticos**, que alivian el dolor y la fiebre.

**médico/a** - doctor

**virus** - virus

**alergias** - allergies

**enfermedades** - illnesses

**virales** - virals

**paciente** - patient

fiebre - fever

enrojecimiento - reddening

dolores - pains

fatiga - fatigue

diagnóstico - diagnosis

gripe - flu

tratamiento - treatment

alivio - relief

síntomas - symptoms

medicamentos - medicines

analgésicos - analgesics/painkillers

antipiréticos - antipyretics

Durante la segunda semana de invierno el doctor vio a otro paciente, esta vez una niña de 11 años llamada Anita que tenía síntomas de **pulmonía/neumonía**. El doctor Hernán sabe por qué esta enfermedad ataca: las neumonías se **desarrollan** cuando un **germeninfecciosoinvade** el **tejidopulmonar**. Estos gérmenes pueden llegar al **pulmón** por tres vías distintas: por **aspiración** desde la **nariz** o la **faringe**, por **inhalación** o por vía **sanguínea**.

Pero gracias a que la paciente era joven tuvo una **recuperación** total después de un tratamiento de unas semanas. Ahora está muy **sana** y procura no estar bajo la lluvia sin un paraguas o un abrigo.

Y así durante dos meses, muchos pacientes llegaban al hospital con fiebre, dolor de garganta, dolor de cabeza, dolor muscular y muchos otros síntomas.

**pulmonía/neumonía -** pneumonia

**desarrollan (desarrollar) -** develop (to develop)

**germen -** germ, bacteria

**infeccioso/a -** infectious

**invade (invadir) -** invades (to invade)

**tejido pulmonar -** lung tissue

**aspiración -** breathing

**nariz -** nose

**faringe -** pharynx

**inhalación -** inhalation

**sanguíneo/a -** blood

**recuperación -** recovery

**sano/a -** healthy

De pronto, algo muy extraño ocurrió. Pasaron dos días y muchos pacientes nuevos llegaban, pero nadie veía al doctor. Algunos pensaron que se había ido de vacaciones, otros que había cambiado de trabajo y los más inteligentes decidieron preguntar qué sucedía.

Eran tantas las personas que se habían encariñado con el doctor que la **enfermera** estaba feliz de repetir una y otra vez que el doctor estaba con gripe.

— ¿Podemos ir a verle a su casa?—preguntó el **abuelo,** que había vuelto por su **chequeomédico**.

— ¿Está solo?—preguntó Nico con su balón en las manos a uno de los médicos que estaban atendiendo a los pacientes del doctor Hernán. Nico había tenido **fiebre** alta y el doctor Hernán lo había **curado,** y además le había dado una piruleta.

— ¿Quién le hace la comida?—preguntó otro paciente.

— ¿Tiene a alguien que le lea cuentos?—Preguntó alguien más.

— ¿Cuántas **faltas** tiene en el hospital?—Preguntó una maestra, bromeando— ¿Quién le hará un **justificante?**

—Bueno, bueno, demasiadas preguntas para una sola enfermera. Os daré la dirección para que lo averigüéis vosotros solos.

Y así fue que, dirección en mano, el abuelo y la maestra fueron a la casa del doctor. En el camino se unió también la enfermera, pues tenía que llevarle

**informes** de las visitas médicas que se habían **atendido** en su ausencia.

**enfermerp/a -** nurse

**chequeo medico -** medical check

**fiebre -** fever

**curado (curar) -** treated (to treat)

**faltas -** absences

**justificante** *(médico)* **-** doctor's note

**informes -** reports

**atendido (atender) -** attended (to attend)

- Bueno, nosotros nos adelantaremos, vosotros ya sabéis lo que tenéis que hacer -dijo la maestra. Los otros pacientes se habían puesto de acuerdo para llevarle sopa más tarde.
Tocaron el timbre y el doctor tardó en atender. Tocaron de nuevo, y tras escuchar cuatro "**achís**" seguidos, la puerta se abrió.

Una señora, muy pálida y débil, los miró con sorpresa. «¿Qué hacen aquí?» preguntó
— ¿Está el doctor? —Preguntó la enfermera—Vengo a dejarle unas cosas.

La mujer les dejó pasar a su casa, explicándoles que ella era la esposa del doctor Hernán y que se llamaba Teresa. Les contó que ella también era doctora pero en otro hospital, a las afueras de la gran ciudad, y que allí también había una **epidemia** de gripe, dengue y fiebres altas debido a que había demasiados **mosquitos** y **moscas** en el campo, y que las lluvias lo único que hacían era darles el **entorno** ideal para **reproducirse**.

Entonces les explicó como ella y el doctor habían ido a las afueras de la ciudad el jueves por la noche. Habían caminado por una zona declarada en estado de **emergencia**, por tratarse de un lugar **infectado** con personas con muchos cuadros de enfermedades diferentes, y como ambos son médicos decidieron ir a ayudar a la gente más necesitada, sin cobrarles por las **consultas**. Allí se encontraron a otros amigos doctores de **Médicos Sin Fronteras**, la **Cruz Roja**.

Teresa les contó como a ella le había picado un mosquito, y que su esposo había pasado toda la noche bajo la lluvia yendo de casa en casa atendiendo a todos los enfermos. A los pocos días ambos estaban muy enfermos, ella tenía **dengue** y él tenía una gripe muy fuerte.

**achís** *(excl.)* **-** atishoo!

**epidemia -** epidemic

**mosquitos -** mosquitoes

**moscas -** flies

**entorno -** environment

**reproducirse -** to reproduce

**emergencia** - emergency

**infectado/a (infectar)** - infected (to infect)

**consultas** - consultations

**médicos sin fronteras** *(ngo)* - "doctors without borders" (Medecins Sans Frontieres NGO)

**cruz roja** *(ngo)* - red cross

**picadura** - bite

**dengue** - dengue fever

En ese momento el Doctor Hernán, al escuchar todo el ruido de la sala, salió de su cuarto a ver qué pasaba.
El doctor no tenía buen **aspecto**, lucía más **despeinado** que nunca, tenía los ojos **llorosos** y la nariz muy **colorada**.

La sorpresa fue enorme. El doctor nunca esperó que tantas personas estuviesen allí en su casa, preocupadas por su salud.
—Disculpe doctor—dijo la enfermera—, todos hacían demasiadas preguntas y yo no tenía las respuestas, les dije que sólo tenía una gripe, ¡pero menudo bullicio que armaron en el hospital! Además, tenía que traerle lo que me pidió antes de tomarse unos días de merecido **descanso** para **recuperarse**.

El doctor se apresuró a decirle a la enfermera que no importaba, que no se preocupase.

Invitó a todos a pasar la tarde. El abuelo se sentó a conversar con el doctor que no dejaba de **estornudar**.

Era **reconfortante** para el doctor tener compañía. Él y su esposa habían estado solos desde que enfermaron. Conscientes de que la enfermedad de su esposa no era **contagiosa** y que él solo debía no estornudarle encima a ninguno de sus visitantes, se sentía a gusto por poder conversar mientras se sonaba la nariz, y dejó que su enfermera y los pacientes le contaran como iba todo en el hospital desde su ausencia.

**Aspecto** - appearance

**despeinado/a** - disheveled/dishevelled

**llorosos/as** - weepy, in tears

**colorado/a** - red-colored / red-coloured

**descanso** - rest

**recuperarse** - to recover

**estornudar** - to sneeze

**reconfortante** - restorative

**contagiosa** - contagious

Al rato, el timbre volvió a sonar.
Uno a uno, entraron los pacientes para cuidar a quien primero había cuidado de ellos. Uno traía una

sopa casera y tibia que había aprendido a hacer de su madre, además de un plato y una cuchara. Se la iba dando despacio al doctor entre estornudo y estornudo.

Anita traía un libro de cuentos. Se sentó al lado de la cama y comenzó a leer una de las historias que el doctor le había regalado y que era la que más le gustaba. El abuelo también escuchaba atentamente y la enfermera repetía algún que otro párrafo por si alguno no lo había escuchado bien.

La maestra llevó juegos de mesa para que el doctor no se aburriese. La tarde pasó muy rápido para el doctor y cuando todos se fueron, se sentía mucho mejor.

Se sentía feliz, no había fallado como doctor, había tenido un sueño y lo había hecho realidad: curar a todos sus pacientes.

Todos en la ciudad habían aprendido que, si bien las **inyecciones**, los **quirófanos** y los **tratamientos** son necesarios en muchas ocasiones, hay un **remedio** mucho más poderoso que cualquier otro, y que no es ni más ni menos que el amor.

**Inyecciones -** injections

**quirófanos -** operating rooms

**tratamientos -** treatments

**remedio -** remedy

## PREGUNTAS

1) ¿Cuántos años de experiencia tiene el doctor Hernán?

    a) No se sabe.
    b) 55.
    c) 40.
    d) 20.

2) ¿Qué enfermedad tenía Anita?

    a) Gripe.
    b) Pulmonía.
    c) Alergia a los animales.
    d) Dengue.

3) ¿Quién es Teresa?

    a) La enfermera.
    b) Una paciente.
    c) La mujer del doctor.
    d) La hermana del doctor.

4) ¿Por qué había enfermado el doctor?

    a) Por caminar bajo la lluvia.
    b) Porque le picó un mosquito.
    c) Por no comer bien.

d) Porque se lo contagió su enfermera.

5) ¿Qué le llevaron los pacientes?

a) Sopa casera.
b) Un libro de cuentos.
c) Juegos de mesa.
d) Todas las anteriores.


## SOLUCIONES

1) D
2) B
3) C
4) A
5) D

## RESUMEN

El Doctor Hernán es médico en una gran ciudad. Durante el invierno, mucha gente acude enferma a su consulta. Un día, él mismo enferma y los pacientes acuden a su casa para ver cómo está.

## SUMMARY

Doctor Hernán works as a doctor in a big city. During winter, a lot of ill people go to his office. One day, he gets sick and all his patients visit him at his house to see how he is feeling.

# VOCABULARIO

**médico/a** - doctor
**virus** - virus
**alergias** - allergies
**enfermedades** - illnesses
**virales** - virals
**paciente** - patient
**fiebre** - fever
**enrojecimiento** - reddening
**dolores** - pains
**fatiga** - fatigue
**diagnóstico** - diagnosis
**gripe** - flu
**tratamiento** - treatment
**alivio** - relief
**síntomas** - symptoms
**medicamentos** - medicines
**analgésicos** - analgesics/painkillers
**antipiréticos** - antipyretics
**pulmonía/neumonía** - pneumonia
**desarrollan (desarrollar)** - develop (to develop)
**germen** - germ, bacteria
**infeccioso/a** - infectious
**invade (invadir)** - invades (to invade)
**tejido pulmonar** - lung tissue
**aspiración** - breathing
**nariz** - nose
**faringe** - pharynx
**inhalación** - inhalation
**sanguíneo/a** - blood
**recuperación** - recovery
**sano/a** - healthy

**enfermerp/a** - nurse
**chequeo medico** - medical check
**fiebre** - fever
**curado (curar)** - treated (to treat)
**faltas** - absences
**justificante** *(médico)* - doctor's note
**informes** - reports
**atendido (atender)** - attended (to attend)
**achís** *(excl.)* - atishoo!
**epidemia** - epidemic
**mosquitos** - mosquitoes
**moscas** - flies
**entorno** - environment
**reproducirse** - to reproduce
**emergencia** - emergency
**infectado/a (infectar)** - infected (to infect)
**consultas** - consultations
**médicos sin fronteras** *(ngo)* - "doctors without borders" (Medecins Sans Frontieres NGO)
**cruz roja** *(ngo)* - red cross
**picadura** - bite
**dengue** - dengue fever
**Aspecto** - appearance
**despeinado/a** - disheveled/dishevelled
**llorosos/as** - weepy, in tears
**colorado/a** - red-colored / red-coloured
**descanso** - rest
**recuperarse** - to recover
**estornudar** - to sneeze
**reconfortante** - restorative
**contagiosa** - contagious
**Inyecciones** - injections
**quirófanos** - operating rooms

**tratamientos -** treatments
**remedio -** remedy

# TEXTO #3 - EN BUSCA DE UN DEPORTE.

Daniel quiere **encontrar** un **deporte** con el cual se sienta feliz, que le guste **practicar** todos los días y en el que sea muy bueno.

Isabel y Daniel van todos los días a la **ciudaddeportiva**. La ciudad deportiva es un lugar que queda a cinco **minutos** de su casa **caminando**. Todas las tardes, después de hacer sus **deberes** van con sus padres para hacer deporte. A los padres de Isabel y Daniel les gusta hacer **ejercicio** con sus hijos.

**Encontrar -** to find

**deporte -** sport

**feliz -** happy

**practicar -** to practice

**ciudad deportiva -** sports city

**caminando (caminar) -** walking (to walk)

**deberes -** homework

**minutos -** minutes

Su padre corre todos los días, y lo ha hecho desde que tenía dieciséis años. Ha **participado** en **carreras** y **maratones**, **ganando** muchas medallas. Daniel siempre se sorprende de lo mucho que su padre puede correr. Todos los días en la ciudad deportiva corre 10 km en 30 minutos, lo que lo convierte en un **corredor** de fondo. Los corredores de fondo usan un paso corto pero firme para lograr grandes **distancias**; muy diferente de los corredores rápidos como el jamaicano Usain Bolt, que corre cien metros en menos de diez segundos.

De los dos, Isabel es la que más **disfruta** corriendo junto a su padre. Isabel tiene quince años, y hace tres meses que empezó a correr. Empezó haciendo tres **kilómetros** en 10 minutos y su **tiempo** ha bajado a seis minutos. Ella espera seguir bajando ese tiempo y correr tanto como su padre algún día.

Daniel por su parte, no está demasiado interesado en correr; a sus 13 años disfruta más **caminando** por la ciudad y viendo a su madre haciendo deporte. A la madre de Isabel y Daniel le encanta **nadar**. Ella nunca había hecho deporte durante su infancia o adolescencia, pero después de un viaje a la playa descubrió que no podía nadar bien, por lo que empezó a ir a **clases de natación**.

**participado (participar) -** participated (to participate)

**carreras -** races

**maratones -** marathons

**corredor/a -** runner

**distancias -** distances

**disfruta (disfrutar) -** enjoys (to enjoy)

**kilómetros -** kilometers

**millas -** miles

**nadar -** to swim

Daniel aún no sabe que deporte quiere practicar; juega al **fútbol** con sus amigos casi todos los días en la escuela pero nunca ha intentado entrar a un **equipo**. Cuando era un niño su padre lo llevó a jugar al **beisbol** y lo disfrutó casi toda su infancia, pero cuando cumplió once años ya no quiso seguir jugando. Daniel era bueno y jugaba de primera base, pero no era tan bueno como otros así que dejó el beisbol.

Su madre le ha dicho que puede ir a verla nadar. Casi todos los días, a eso de las 7 de la tarde, su madre va a la gran **piscina olímpica** de la ciudad deportiva. Este lugar, llamado ciudad porque es muy grande, tiene muchas zonas para hacer deporte, y es para **atletas** y para la **comunidad**. Fue construida en el año 1994 porque en la ciudad de Daniel, Isabel y sus padres se iban a celebrar los **juegos olímpicos**.

Esta ciudad tiene **calles** y **aceras** donde la gente puede correr o caminar, y se puede llevar animales siempre y cuando la gente no deje ningún tipo de basura o **excrementos** en las calles o zonas verdes, que son muchas. En las zonas verdes se puede ver todos los días a **personas** haciendo yoga o taichí, y hay una isla entre zonas con un escenario para eventos musicales. Normalmente se puede ver una **clase** de **aeróbic** ahí, con muchas personas que hacen ejercicio juntas y forman una coreografía muy divertida.

**Fútbol -** football

**equipo -** team

**beisbol -** baseball

**piscina olímpica -** olympic pool

**atletas -** athletes

**comunidad -** community

**juegos olímpicos -** olympic games

**calles -** streets

**aceras -** sidewalks / pavements

**excrementos -** excrements

**personas -** people

**clase de aeróbic -** aerobics class

Daniel disfruta caminando por la ciudad mientras sus padres y hermana hacen ejercicio. Ve un rato a su padre y su hermana correr, y luego va otro rato a ver a su madre nadar. Ella ha mejorado muchísimo y su **estilo** favorito es el de **espalda,** porque puede ver la noche estrellada mientras nada. La piscina olímpica está al aire libre, y tiene cuatro piscinas: la principal con una **tribuna** techada para 500 personas y tres más pequeñas donde practican salto olímpico, waterpolo y natación **sincronizada**.

El **waterpolo** le parece divertido, es como el fútbol pero en una piscina y con las manos en vez de los pies, pero Daniel tampoco ha sentido deseos de practicarlo, así que todos los días camina por la ciudad, viendo los diferentes lugares donde la gente practica deporte.

Hay un **estadio** de fútbol para unas 500 personas que está cerca de la piscina donde su madre practica todos los días. También hay un gimnasio con **techo** donde practican fútbol sala, que es como el fútbol pero bajo techo. Al lado de este gimnasio hay una escuela de deportes: es como una escuela normal pero los estudiantes, aparte de tener clases normales como lo hace Daniel en su escuela, también practican un deporte en concreto. Los alumnos deben tener talento para ese deporte, de otro modo no los aceptan. Daniel ha pensado en decirles a sus padres que lo cambien a esta escuela para descubrir si tiene algún **talento** en los deportes. Su amigo Miguel practica esgrima y viaja mucho por todo el país.

**espalda** *(estilo de natación)* - backstroke (swimming style)

**tribuna** - stand

**sincronizado/a** - synchronized

**waterpolo** - water polo

**estadio** - stadium

**techo** - roof

# **talento** - talent

- ¡Hay tantos deportes! – Dijo Daniel a su padre un día – Todos los días vamos a la ciudad deportiva y tú corres con Isabel y mamá nada, pero yo no hago otra cosa que caminar e ir de un sitio a otro, es frustrante – dijo desanimado-

- Tú haces deportes Daniel, sabes jugar al beisbol y al fútbol – le respondió su padre, animándolo.

- No, no es igual, porque no hago ejercicio todos los días como vosotros. – respondió.

- Puedes ir todos los días hasta que encuentres algo que te guste, pero no te preocupes, si no te gusta ningún deporte puedes seguir caminando o quedarte en casa y leer o jugar un poco. – respondió su padre -

Daniel suspiró. De verdad quería encontrar un deporte que le gustara mucho, no quería quedarse en casa a jugar en su ordenador, así que decidió que al final del año escolar les pediría a sus padres que lo llevaran a la escuela deportiva para descubrir su talento.

Los meses pasaron. Daniel seguía acompañando a su familia a la ciudad deportiva, Isabel bajó su tiempo y ahora corría cinco kilómetros en 10 minutos e iba en camino de aumentar su **record**. Su padre y madre estaban muy contentos y orgullosos e Isabel se sentía muy feliz, llena de **energía** y muy **saludable**.

Su padre seguía **mejorando** sus records en **distancias largas** y había corrido veinte kilómetros en una hora y veinte minutos, lo cual fue impresionante, llegando en el segundo lugar. Había sido un día muy divertido, con un picnic en el parque central donde sería la carrera, junto a la vía principal. Las familias estaban de pie o en sillas animando a los corredores. Cuando su padre estuvo cerca de la meta su madre, su hermana y él salieron corriendo a animarlo y él sonrió y los saludó mientras continuaba su paso firme hacia la **meta**.

La madre de Daniel seguía mejorando, al final del año escolar todos fueron a la playa una semana y su madre se lució nadando en el océano, y era mucho mejor que su padre, su hermana o él. Todos sabían nadar muy bien pero su madre era ya como una **profesional**, nadaba como pez en el agua, y se sentía bien por no tener nunca más miedo a nadar.

**Record -** record

**energía -** energy

**saludable -** healthy

**mejorando (mejorar) -** improving (to improve)

**distancias largas -** long distances

**meta -** finish line

**profesional -** professional

Fue en ese viaje cuando Daniel les dijo a sus padres lo que deseaba.

—Me gustaría entrar a la escuela deportiva —dijo la tercera noche del viaje, mientras cenaban.

Sus padres estaban muy sorprendidos. Isabel sonrió, pues ella ya sabía los deseos de su hermano hace meses.

—Bueno —dijo su madre—, supongo que puede hacerse, las **pruebas** son en agosto y empiezan las clases en septiembre. ¿No echarás de menos a tus amigos de laescuela? —le dijo preocupada.

—No, la mayoría vive cerca de casa y ellos saben que quiero cambiar de escuela y les parece muy bien, serán mis amigos aunque cambie de escuela - dijo confiado.

—Muy bien —dijo su padre—, te inscribiremos en las pruebas, confío en que entrarás, tienes muy buenas **condiciones físicas**.

Y así fue como Daniel entró a hacer las pruebas de la escuela deportiva. Fueron muchas pero finalmente, a tres días de que terminaran las pruebas Daniel entró en las pruebas de **tenis** y para su sorpresa le gustó muchísimo. Daniel era **alto**, **rápido** y cogía la **raqueta** con la **zurda**, algo muy interesante en el tenis así que los **entrenadores** lo quisieron de inmediato.

Con la luz verde de los **entrenadores**, Daniel corrió con su familia y les dio la buena noticia. Al fin había encontrado su deporte.

Años más tarde Daniel recordaría ese día, cuando a los veintitrés años ganara su primer **título** de campeónde **torneo** deGrand Slam. Daniel era un **tenista** profesional ahora y su familia lo apoyaba al 100%.

**Pruebas** - trials

**condiciones físicas** - physical conditions

**tenis** - tennis

**alto/a** - tall

**rápido/a** - fast

**raqueta** - racket / racquet

**zurdo/a -** left-handed

**entrenadores -** trainers / coaches

**título -** title

**torneo -** tournament

**tenista -** tennis player

## PREGUNTAS

1) ¿Quién es la que más disfruta corriendo con el padre?

   a) Isabel.
   b) Daniel.
   c) La madre de Isabel y Daniel.
   d) Nadie.

2) ¿Qué deporte practica la madre de Daniel?

   a) Futbol.
   b) Waterpolo.
   c) Natación.
   d) Tenis.

3) ¿Por qué se construyó la piscina olímpica?

   a) Porque los habitantes la pidieron.
   b) Porque el alcalde era un ex – deportista profesional.
   c) Porque se iban a celebrar unos juegos olímpicos.
   d) Porque al ayuntamiento le tocó la lotería.

4) ¿Cuántas piscinas tiene la piscina olímpica?

a) 1.

b) 2.

c) 3.

d) 4.

5) ¿En qué se convierte Daniel de mayor?

a) En abogado.

b) En tenista profesional.

c) En futbolista profesional.

d) En médico.

# SOLUCIONES

1) A
2) C
3) C
4) D
5) B

## RESUMEN

Daniel y su familia están acostumbrados a practicar deporte. Su padre y su hermana corren, y su madre hace natación, pero él no puede encontrar un deporte que le guste. Al final, decide entrar en la escuela deportiva para descubrir su talento.

## SUMMARY

Daniel and his family are used to playsports. His father and his sister run, and his mother swims, but he can't find out a sport that he likes. At the end, he decides to jointhe sports school to discover his talent.

# VOCABULARIO

**Encontrar -** to find

**deporte -** sport

**feliz -** happy

**practicar -** to practice

**ciudad deportiva -** sports city

**caminando (caminar) -** walking (to walk)

**deberes -** homework

**minutos -** minutes

**participado (participar) -** participated (to participate)

**carreras -** races

**maratones -** marathons

**corredor/a -** runner

**distancias -** distances

**disfruta (disfrutar) -** enjoys (to enjoy)

**kilómetros -** kilometers

**millas -** miles

**nadar -** to swim

**Fútbol -** football

**equipo -** team

**beisbol -** baseball

**piscina olímpica -** olympic pool

**atletas -** athletes

**comunidad -** community

**juegos olímpicos -** olympic games

**calles -** streets

**aceras -** sidewalks / pavements

**excrementos -** excrements

**personas -** people

**clase de aeróbic -** aerobics class

**espalda** *(estilo de natación)* - backstroke (swimming style)

**tribuna** - stand

**sincronizado/a** - synchronized

**waterpolo** - water polo

**estadio** - stadium

**techo** - roof

**talento** - talent

**Record -** record

**energía -** energy

**saludable -** healthy

**mejorando (mejorar) -** improving (to improve)

**distancias largas -** long distances

**meta -** finish line

**profesional** - professional

**Pruebas** - trials

**condiciones físicas** - physical conditions

**tenis** - tennis

**alto/a** - tall

**rápido/a** - fast

**raqueta** - racket / racquet

**zurdo/a** - left-handed

**entrenadores** - trainers / coaches

**título** - title

**torneo** - tournament

**tenista** - tennis player

## TEXTO #4 - LA HORA DE LA COMIDA: UN

## CUENTO CON FINAL FELIZ

Esta es la historia de Alejandra Rivero, psicopedagoga, y su pequeña hija Natalia; y de cómo Alejandra logró que su hija comiera bien.

—Tienes que **comerte** los **vegetales**—dice la abuela cuando la niña frunce el **ceño** frente al **plato** de **brócoli**—. No es un secreto que en la mesa, cuando hay niños pequeños, el reinado se lo lleva el "Happy Meal" y su promesa de alimentos **fritos** y juguetes de moda. Los niños no tienen la culpa de que el brócoli sea **insípido** y parezca más un pequeño y triste árbol que un **apetitosoalimento**.

La mala **alimentación** infantil, que puede derivar en niños con **sobrepeso** u **obesos**, es considerada por la Organización Mundial de la Salud (OMS) como uno de los problemas de salud pública más graves del siglo XXI. Según las cifras de esta organización, en 2010 había 42 millones de niños con sobrepeso en todo el mundo.

**psicopedagogo/a** - educational psychologist
**comer** - to eat
**vegetales** - vegetables
**ceño** - brow
**plato** - dish
**brócoli** - broccoli
**fritos/as** - fried
**insípido/a** - tasteless
**apetitoso/a** - appetizing / appetising
**alimento** - food
**alimentación** - diet
**sobrepeso** - overweight
**obesos** - obese

En muchas casas la hora de la **comida** puede convertirse en una verdadera batalla, una larga lucha er la que los niños, dispuestos a vencer, son capaces de ponerse morados aguantando la respiración. Llorar y llorar y seguir llorando hasta que sus padres agotados sucumben y dejan de lado el plato **saludable**.

Eso pasaba en casa de Alejandra Rivero y su pequeña hija Natalia.

«Yo podía mantenerla en su **sillade comer** hasta media hora para que se comiera la **sopa** sin dejarme

**manipular**por el llanto, en lugar de entender que lo que me estaba diciendo era que su barriguita ya estaba **llena**», cuenta Alejandra, para quien la historia de largas batallas en la mesa comenzó cuando su hija cumplió un año. Alejandra confiesa que el problema lo creó ella el día en que empezó a obligarla con el propósito de que comiera verduras y **legumbres** en **ensaladas** y **papillas** para evitar que sufriera sobrepeso.

«Creé un problema mayor porque en lugar de enseñarla a comer bien le enseñé que comer es horrible», agrega.

Alejandra no se rindió y todo pasó de ser un cuento de ogros y llanto a una historia de aventura con final feliz.

**Comida** - lunch *(afternoon meal)*
**saludable** - healthy
**silla de comer** - highchair
**sopa** - soup
**manipular** - to manipulate
**lleno/a** - full
**legumbres** - legumes
**ensaladas** - salads
**papillas** - porridges

## Platos de cuento

—Una noche que estaba **preparando** el **almuerzo** del día siguiente se me ocurrió **cortar** la **carne** de Natalia en forma de tortuga. A continuación puse la ensalada como si fuera el césped, una flor de **puré** de **patatas** y un sol de **plátano** –dijo Alejandra—. Ese fue el primer almuerzo decorado de Natalia. Cuando ella lo vio sonrió, pero no se entusiasmó mucho, y yo no me creé grandes expectativas. La sorpresa fue cuando me entregaron en el colegio el plato del almuerzo casi vacío, yo no me lo podía creer.

Desde entonces la experiencia de cocina **diaria** de Alejandra pasa por un proceso casi **literario**: todas las noches se inventa una historia que decora con figuras variadas en un plato de comida equilibrada.

«Hoy en día Natalia come de todo: **carne**, **pollo**, **pescado** y cualquier **vegetal cocido**. Los **vegetales crudos** son un poco más difíciles para los pequeños, pero ese, junto con las **frutas** son mi próximo reto» cuenta Alejandra. Ella dice que su fuente de **inspiración** son las mismas historias que le cuenta a su hija y siempre trata de utilizar figuras con las que Natalia se sienta identificada.

**preparando (preparar)** - preparing (to prepare)

**almuerzo** - lunch

**cortar** - to cut

**carne** - meat

**puré** - purée

**plátano** - banana

**diario/a** - daily

**literario/a** - literary

**carne** - meat

**pollo** - chicken

**pescado** - fish

**cocido** - boiled

**crudo** - raw

**frutas** - fruits

**inspiración** - inspiration

## 7 Consejos de Alejandra para tener comidas con final feliz

«La gente no se anima a preparar el plato con los **cortadores** de **galletas** para hacer **figuritas** porque piensan que es un trabajo difícil. Sin embargo, quienes lo han intentado enseguida me escriben asombrados por lo sencillo que es, y yo siempre les digo que si no fuera sencillo yo no podría hacerlo».

## 1.- Los buenos hábitos de alimentación se adquieren desde pequeños

Es muy raro ver a un adulto con malos hábitos de alimentación que diga que le ha resultado facilísimo aprender a comer bien. Me horrorizan las **cenas** de pollo frito con patatas fritas, me parece que le estamos haciendo un daño de por vida a nuestros hijos.

## 2.- Los buenos hábitos de alimentación no son una cuestión de suerte

Ni de esfuerzo ocasional, son una cuestión de constancia. Hay que ofrecer a la familia comida **nutricional** de **calidad** en todas las **comidas**:desayuno, almuerzo y cena, además de **merendar** todos los días, no únicamente el día que tengas ganas de cocinar.

**Cortadores - cutters**

**galletas** - cookies
**figuritas** - little figures
**cenas** - dinners
**nutricional** - nutritional
**calidad** - quality
**comidas** - meals
**desayuno** - breakfast
**merendar** - to have a snack (in the afternoon)

## 3.- Debe ser un hábito ver en el plato los vegetales

Unos niños que coman bien deben estar acostumbrados a que con frecuencia haya algo nuevo aunque sea para probar. Algunos estudios indican que para que un niño se aventure a probar, hay que servirle un alimento nuevo entre ocho y diez veces que contenga frutas, vegetales y comida en general que estén más **frescos**. Una dieta alta en **huevo** es esencial para las grasasbuenas, evitando las **grasassaturadas** que hacen un daño terrible a personas de todas las edades. Niños, adolescentes y adultos por igual deben consumir **proteínas y carbohidratos**. Pescados como el **bacalao**, **salmón** o atún también son buenas comidas para niños y adultos.

## 4.- La buena alimentación en los niños comienza con el ejemplo

Si papá y mamá comen mal, los hijos también lo harán. Padres e hijos deben comer lo mismo. Me parece un esfuerzo terrible tener un menú diferente ajustado a los gustos de cada miembro de la familia. Desde que Natalia comenzó a comer alimentos **sólidos** en casa los tres comemos lo mismo.

## 5.- Tener niños bien alimentados no es tener niños glotones.

Como padres debemos aprender a respetar cuando nuestros hijos nos dicen que ya no quieren más, en lugar de enseñarles a que deben comerse todo lo que hay en el plato, o premiar con un **postre** o una **chuchería** el plato vacío.

**Frescos -** fresh
**huevo -** egg
**grasas saturadas -** saturated fats
**proteínas -** proteins
**carbohidratos -** carbohydrates
**bacalao -** cod
**salmón -** salmon

**sólidos/as -** solids
**glotones -** gluttonous
**postre -** dessert
**chuchería -** sweet/candy

## 6.- Las meriendas también pueden ser saludables.

La merienda puede ser un buen momento para reforzar el buen comer. Sabemos que las meriendas normalmente son entre el almuerzo y la cena, y hay una gran variedad de meriendas apropiadas que no incluyen los caramelos, **las piruletas** o las bolsitas de chucherías llenas de **colorantes** y **químicos**. Yo prefiero siempre **cereales** o **galletas** con leche, **pan** con Nutella, **chocolatecon leche**, **helado**, **galletas** con **mermelada**, **yogur**, **gelatina**, **flan**, entre muchas otras que son preferibles a darle grandes cantidades de azúcar a un niño en pleno desarrollo.

## 7.- El momento de la comida debe ser agradable

A nadie le gusta comer regañado, amenazado ni castigado. Yo me horrorizo cuando veo escenas en donde la cara del niño está cubierta de lágrimas y aun así le siguen dando a la fuerza cada **cucharada** de comida con una cara furiosa delante de él. Esto, lejos de lograr que la criatura quiera comer, lo que hace es que la próxima vez ya esté **predispuesto** antes de sentarse en la mesa.

Hay muchas y variadas formas de **servir** una buena comida para niños en pleno desarrollo. Alejandra y su hija son solo un ejemplo de las cosas que pueden funcionar para que tu hijo/a aprenda a comer de forma **equilibrada** y saludable desde la infancia. De esta forma se logra un adulto competente, capaz de tomar sus propias decisiones en cuanto a su **nutrición,** lo cual en un futuro evitará muchos riesgos de enfermedades, como por ejemplo ataques cardiacos, obesidad, algunas formas de acné o diabetes entre otros.

La alimentación es muy importante. Los hábitos deben adquirirse de forma temprana, pero también es bueno saber que nunca es tarde para comenzar a comer de forma saludable.

**Piruletas -** lollipop
**colorantes -** colourants / colorants
**químicos/as -** chemicals

**cereales** - cereals

**galletas** - cookies / biscuits

**pan** - bread

**chocolate con leche** - milk chocolate

**helado** - ice cream

**mermelada** - marmalade / jam

**yogur** - yogurt

**gelatina** - jelly

**flan** - crème caramel (a type of dessert)

**cucharada** - tablespoon

**predispuesto/a** - predisposed

**servir** - to serve

**equilibrado/a** - balanced

**nutrición** - nutrition

## PREGUNTAS

1) ¿Qué problema de salud es considerado por la Organización Mundial de la Salud como uno de los más graves actualmente?

    a) Gripe.
    b) Mala alimentación infantil.
    c) Neumonía.
    d) Alergias.


2) ¿Cómo consiguió Alejandra que su hija comiera de todo?

    a) Castigándola sin juguetes.
    b) Dejando que pasara hambre.
    c) Con ayuda de sus abuelos.
    d) Con platos divertidos.


3) ¿Cuáles son los próximos retos de Alejandra?

    a) Que su hija coma vegetales crudos.
    b) Que su hija coma frutas.
    c) Ambas son correctas.
    d) Ninguna es correcta.

4) ¿Cuándo cree Alejandra que se adquieren los buenos hábitos alimenticios?

    a) Desde pequeños.

    b) En la adolescencia.

    c) En la madurez.

    d) Se pueden adquirir en cualquier momento.

5) ¿Cómo cree Alejandra que deben dar ejemplo los padres?

    a) Comiendo alimentos diferentes que los hijos.

    b) Comiendo lo mismo que los hijos.

    c) No comiendo con los hijos.

    d) De ninguna forma.

## SOLUCIONES

    1) B

    2) D

    3) C

    4) A

    5) B

## RESUMEN

Alejandra es psicopedagoga, y tiene una hija llamada Natalia. Natalia es muy pequeña y no le gustan las verduras y la comida saludable, lo que estresa a Alejandra. Al final encuentra la solución a su problema: comidas divertidas.

## SUMMARY

Alejandra works as an educational psychologist and has one daughter named Natalia. Natalia is very young and she doesn't like eating all of her vegetables and healthy food,what stresses Alejandra out. At the endshe finds how to solve the problem: fun meals.

# VOCABULARIO

**psicopedagogo/a -** educational psychologist

**comer -** to eat

**vegetales -** vegetables

**ceño -** brow

**plato -** dish

**brócoli -** broccoli

**fritos/as -** fried

**insípido/a -** tasteless

**apetitoso/a -** appetizing / appetising

**alimento -** food

**alimentación -** diet

**sobrepeso -** overweight

**obesos -** obese

**Comida -** lunch *(afternoon meal)*

**saludable -** healthy

**silla de comer -** highchair

**sopa -** soup

**manipular -** to manipulate

**lleno/a -** full

**legumbres -** legumes

**ensaladas -** salads

**papillas -** porridges

**preparando (preparar) -** preparing (to prepare)

**almuerzo -** lunch

**cortar -** to cut

**carne -** meat

puré - purée
plátano - banana
diario/a - daily
literario/a - literary
carne - meat
pollo - chicken
pescado - fish
cocido - boiled
crudo - raw
frutas - fruits
inspiración - inspiration
Cortadores - cutters
galletas - cookies
figuritas - little figures
cenas - dinners
nutricional - nutritional
calidad - quality
comidas - meals
desayuno - breakfast
merendar - to have a snack (in the afternoon)
Frescos - fresh
huevo - egg
grasas saturadas - saturated fats
proteínas - proteins
carbohidratos - carbohydrates
bacalao - cod
salmón - salmon

**sólidos/as -** solids

**glotones -** gluttonous

**postre -** dessert

**chuchería -** sweet/candy

**Piruletas -** lollipop

**colorantes -** colourants / colorants

**químicos/as -** chemicals

**cereales -** cereals

**galletas -** cookies / biscuits

**pan -** bread

**chocolate con leche -** milk chocolate

**helado -** ice cream

**mermelada -** marmalade / jam

**yogur -** yogurt

**gelatina -** jelly

**flan -** crème caramel (a type of dessert)

**cucharada -** tablespoon

**predispuesto/a -** predisposed

**servir -** to serve

**equilibrado/a -** balanced

**nutrición -** nutrition

# TEXTO #5 - LA ISLA DE LOS SENTIMIENTOS

Érase una vez una isla donde habitaban todos los **sentimientos**: la **alegría**, la **tristeza** y muchos más, incluyendo el **amor**. Todos los sentimientos estaban allí. A pesar de los roces naturales de la convivencia, la vida era sumamente **tranquila**, hasta **previsible**. A veces, la **rutina** hacía que el **aburrimiento** se quedara dormido, o el **impulso** armaba algún **escándalo**; otras veces, la **constancia** y la **convivencia** lograban aplacar al **descontento**.

Un día, **inesperadamente** para todos los habitantes de la isla, el **conocimiento** convocó una reunión. Cuando por fin la **distracción** se dio por enterada y la **pereza** llegó al lugar de encuentro, todos estuvieron presentes. Entonces, el Conocimiento dijo:

**Sentimientos - feelings**

**alegría - joy**

**tristeza - sadness**

**amor - love**

**tranquilo/a - calm**

78

**previsible** - foreseeable

**rutina** - routine

**aburrimiento** - boredom

**impulso** - impulse

**escándalo** - fuss

**constancia** - perseverance

**convivencia** - coexistence

**aplacar** - to calm

**descontento** - unhappiness

**inesperadamente** - Unexpectedly, suddenly

**conocimiento** - knowledge

**distracción** - distraction

**pereza** - laziness


—Tengo una mala noticia que daros: la isla se hunde.

Todas las emociones que vivían en la isla dijeron:

— ¡No! ¿Cómo puede ser? ¡Si nosotros hemos vivimos aquí desde siempre!

Pero el Conocimiento repitió: «La isla se hunde».

— ¡Pero no puede ser! ¡Quizá estás equivocado!

—El conocimiento nunca se equivoca —dijo la **conciencia**, dándose cuenta de la **verdad**—. Si él dice que se hunde, debe ser porque se hunde.

—Pero… ¿qué vamos a hacer ahora? —preguntaron los demás.

Entonces el conocimiento contestó:

—Por supuesto, cada uno puede hacer lo que quiera, pero yo os sugiero que busquéis la manera de abandonar la isla... Construid un barco, un bote, una balsa o algo que os permita iros, porque el que permanezca en la isla, **desaparecerá** con ella.

— ¿No podrías ayudarnos? —preguntaron todos, porque confiaban en su capacidad.

— ¡No! —Dijo el conocimiento—, **previsión** y yo hemos construido un avión y en cuanto termine de deciros esto, volaremos hacia la isla más cercana.

Las **emociones** dijeron:

— ¿Qué será de nosotros?

**Conciencia -** awareness

**verdad -** truth

**desaparecerá (desaparecer) -** will disappear (to disappear)

**previsión -** precaution

**emociones -** emotions

Dicho esto, el conocimiento se subió al avión con su socia y, llevando de **polizón** al **miedo**, que no es tonto y ya se había escondido en el motor, dejaron la isla.

Todas las emociones se dedicaron a construir un bote, un barco, un velero...Todas, salvo el amor.

Porque el amor estaba tan relacionado con cada cosa de la isla que dijo:

—Dejar esta isla... después de todo lo que **viví** aquí... ¿Cómo podría yo dejar este bello atardecer, por ejemplo? Hemos compartido muchas cosas aquí para irse.

Y mientras las emociones se dedicaban a buscar la forma de **huir**, el amor se subió a cada árbol, olió cada rosa, se fue hasta la playa y se revolcó en la arena como solía hacer en otros tiempos. **Tocó** cada piedra y **acarició** cada rama.

Al llegar a la playa, exactamente al lugar desde donde el sol se ocultaba, su lugar favorito, quiso pensar con esa **ingenuidad** que tiene el amor:

—Quizás la isla se hunda solo por un momento y después resurja, ¿por qué no?

Y se quedó días y días midiendo la altura de la marca, para revisar si el proceso de hundimiento no era reversible. Pero la isla se hundía cada vez más.

Sin embargo, el amor no podía **pensar** en construir nada, porque estaba tan **dolorido** que sólo era capaz de **llorar** y **gemir** por lo que perdería. Se le ocurrió entonces que la isla era muy grande y que, aun cuando se hundiera un poco, él siempre podría refugiarse en la zona más alta. Cualquier cosa era mejor que tener que irse. Una pequeña **renuncia** nunca había sido un problema para él.

**Polizón -** stowaway

**miedo -** fear

**viví -** lived

**huir -** to run away

**tocó (tocar) -** touched (to touch)

**acarició (acariciar) -** caressed (to caress)

**ingenuidad -** innocence

**pensar -** to think

**dolorido/a -** in pain

**llorar -** to cry

**gemir -** to moan

**renuncia -** withdrawal

Así que una vez más, tocó las piedras de la orilla y se arrastró por la arena, y otra vez se mojó los pies en la pequeña playa, que antes era **enorme**.

Luego, sin darse cuenta demasiado de su renuncia, caminó hacia la parte norte de la isla, que si bien no era la que más le **gustaba**, era la más elevada.

La isla se hundía cada día un poco más, y el amor se refugiaba cada día en un lugar más pequeño.

—Después de tantas cosas que pasamos juntos —le **reprochó** a la isla **desanimado** y **triste**.

Hasta que, finalmente, solo quedó una minúscula porción de suelo firme; el resto había sido tapado completamente por el agua.

En ese momento, el amor se dio cuenta de que la isla se estaba hundiendo de verdad. **Comprendió** que, si no dejaba la isla, el amor **desaparecería** para siempre de la faz de la tierra.

Entonces, caminando entre senderos anegados y saltando enormes charcos de agua, el amor se dirigió a la **bahía**.

Ya no había posibilidades de construirse un medio de transporte como todos; había perdido demasiado tiempo en **negar** lo que **perdía** y en llorar lo que desaparecía poco a poco ante sus ojos.

**Enorme** - huge

**gustaba  (gustar)** - liked (to like)

**reprochó (reprochar)** - reproached (to reproach)

**desanimado/a** - discouraged

**triste** - sad

**comprendió (comprender)** - understood (to understand)

**desaparecería (desaparecer)** - will disappear (to disappear)

**Bahía** - Bay

**Medio de transporte** - Means of transportation

**negar** - to deny

**perdía (perder)** - lost (to lose)

Desde allí podría ver pasar a sus compañeras en las embarcaciones. Tenía la esperanza de explicar su situación y que alguna de ellas lo comprendiera y lo llevara.

Buscando en el mar, vio venir el barco de la **riqueza** y le hizo señas. Se acercó la riqueza que pasaba en un lujoso yate y el amor dijo:

—¡Riqueza llévame contigo! Yo sufrí tanto la **desaparición** de la isla que no tuve tiempo de construir un barco.

La Riqueza contestó:

—No puedo, hay mucho oro y plata en mi barco, no tengo espacio para ti, losiento —y siguió camino, sin mirar atrás.

Le pidió ayuda a la **Vanidad**, a la que vio venir en un barco **hermoso**, lleno de adornos, luces, **mármoles** y florecitas de todos los colores:

—Vanidad, por favor ayúdame.

Y la Vanidad le respondió:

—Imposible Amor, ¡es que tienes **mal aspecto**! ¡Estás tan **desagradable**! ¡Tan **sucio**, y tan **desaliñado**! Lo siento, pero **deslucirías** mi barco — y se fue.

Pasó la **Soberbia**, que a la solicitud de ayuda contestó:

—¡Quítate de mi camino o te paso por encima!

Como pudo, el Amor se acercó al yate del **Orgullo** y, una vez más, solicitó ayuda.

La respuesta fue una mirada **despectiva,** y una ola casi lo asfixia.

**Riqueza** - wealth

**desaparición** - disappearance

**construir** - to build

**vanidad** - vanity

**hermoso/a** - beautiful

**mármoles** - marbles

**aspecto** - appearance

**desagradable** - unpleasant

**sucio/a** - dirty

**desaliñado/a** - scruffy

**deslucirías (deslucir)** - will ruin (to ruin)

**soberbia** - arrogance

**solicitud** - request

**orgullo** - pride

**despectivo/a** - contemptuous

Entonces, el Amor pidió ayuda a la Tristeza:

— ¿Me dejas ir contigo?

La Tristeza le dijo:

—Ay Amor, tu sabes que estoy tan triste que prefiero estar sola.

Pasó la Alegría, y estaba tan **contenta** que ni siquiera **oyó** al Amor llamarla.

**Desesperado**, el Amor comenzó a **suspirar**, con lágrimas en sus ojos. Se sentó en el pedacito de isla que quedaba, a esperar el final. De pronto, el Amor sintió que alguien lo **llamaba**:

— ¡Eh, tú!

Era un viejo **desconocido** que le hacía señas desde un bote a remos. El Amor se sorprendió:

— ¿Es a mí? —preguntó, llevándose una mano al **pecho**.

—Sí, sí —dijo el viejo—, es a ti. Ven, sube a mi bote, rema conmigo, que yo te **salvo**.

El Amor lo miró y le quiso explicar:

—Lo que pasó, es que yo me **quedé**...

—Entiendo —dijo el viejo sin dejarle terminar la frase— ¡Sube!

El amor subió al bote y juntos empezaron a remar para alejarse de la isla. No pasó mucho tiempo antes de poder ver como el último centímetro de la isla se hundía y desaparecía para siempre.

— ¡Nunca volverá a **existir** una isla como esta! —murmuró el amor, quizás esperando que el viejo lo contradijera y le diera alguna esperanza.

—No —dijo el viejo— como ésta, **nunca**; en todo caso, ¡**diferente**!

**contento/a -** happy

**oyó (oir) -** heard (to hear)

**desesperado/a -** desperate

**llamaba (llamar) -** called (to call)

**desconocido/a -** stranger

**pecho -** chest

**salvo (salvar) -** save (to save)

**quedé (quedarse) -** stayed (to stay)

**existir -** to exist

**contradijera (contradecir) -** contradict (to contradict)

**nunca -** never

**diferente -** different

Cuando llegaron a la isla vecina, el Amor se sentía tan **aliviado** que olvidó preguntarle su nombre. Cuando se dio cuenta y quiso **agradecerle**, el viejo había desaparecido. Entonces el Amor, muy intrigado, fue en busca de la **Sabiduría** para preguntarle:

— ¿Cómo puede ser? Yo no lo conozco, pero él me **salvó**. Todos los demás no comprendían que me hubiera quedado sin embarcación, pero él me salvó, me **ayudó** y yo ahora, no sé ni siquiera quién es. — dijo el amor **confundido.**

Entonces la Sabiduría le miró a los ojos, y le dijo:

—Es el único capaz de conseguir que el amor **sobreviva** cuando el **sufrimiento** de una **pérdida** le hace **creer** que es **imposible** seguir. Es el único capaz de darle una nueva oportunidad al amor cuando parece extinguirse. El que te salvó, Amor, es el **Tiempo**. —Sabiduría sonrió y dejó a Amor pensando sobre lo sucedido.

El Amor entendió al final que el tiempo cura todos los miedos y dolores, que el tiempo es un amigo, no un enemigo y que no debe **temerle.**

**aliviado/a -** relieved

**agradecerle (agradecer) -** thank him (to thank)

**sabiduría -** wisdom

**salvó (salvar) -** saved (to save)

**ayudó (ayudar) -** helped  (to help)

**confundido/a -** confused

**sobreviva (sobrevivir) -** survive (to survive)

**sufrimiento -** suffering

**pérdida -** loss

**creer -** to believe

**imposible -** impossible

**tiempo -** time

**temerle -** be afraid of him (to be afraid of)

## PREGUNTAS

1) ¿Cuál es el problema de la isla?

    a) La isla se hunde.
    b) La isla es pequeña para todos.
    c) La isla no tiene comida.
    d) La isla no les gusta

2) ¿Qué emociones han construido un avión para huir?

    a) La previsión y el miedo.
    b) El conocimiento y el miedo.
    c) La previsión y el conocimiento.
    d) La previsión y la conciencia.

3) ¿Quién se niega a huir al principio?

    a) El orgullo.
    b) La tristeza.
    c) La vanidad.
    d) El amor.

4) ¿Qué hace el amor cuando ve que es demasiado tarde?

    a) Pide ayuda a sus compañeras.
    b) Coge una barca abandonada.

c) Se va nadando a la otra isla.

d) Construye una barca.

5) ¿Quién salva al amor?

a) La esperanza.

b) El tiempo.

c) El orgullo.

d) La tristeza.

## SOLUCIONES

1) A

2) C

3) D

4) A

5) B

## RESUMEN

La historia habla de una isla en la que conviven todas las emociones del ser humano. Un día, descubren que la isla se está hundiendo, y todas las emociones buscan la forma de abandonarla, excepto el Amor, que aún mantiene la esperanza.

Cuando el amor se da cuenta de que es demasiado tarde, intentará salir de la isla, pero sólo un hombre mayor decide ayudarle.

## SUMMARY

The story is about an island in which all the human emotions live together. One day, they discover that the island is sinking, and all the emotions try to find a way to leave, except the Love, who remains hopeful.

When Love realizes it's too late, he will try to escape from the island, but an old man is the only one who decides to help him.

# VOCABULARIO

**Sentimientos** - feelings
**alegría** - joy
**tristeza** - sadness
**amor** - love
**tranquilo/a** - calm
**previsible** - foreseeable
**rutina** - routine
**aburrimiento** - boredom
**impulso** - impulse
**escándalo** - fuss
**constancia** - perseverance
**convivencia** - coexistence
**aplacar** - to calm
**descontento** - unhappiness
**inesperadamente** - Unexpectedly, suddenly
**conocimiento** - knowledge
**distracción** - distraction
**pereza** - laziness
**Conciencia** - awareness
**verdad** - truth
**desaparecerá (desaparecer)** - will disappear (to disappear)
**previsión** - precaution
**emociones** - emotions
**Polizón** - stowaway
**miedo** - fear
**viví** - lived
**huir** - to run away
**tocó (tocar)** - touched (to touch)
**acarició (acariciar)** - caressed (to caress)

**ingenuidad** - innocence
**pensar** - to think
**dolorido/a** - in pain
**llorar** - to cry
**gemir** - to moan
**renuncia** - withdrawal
**Enorme** - huge
**gustaba (gustar)** - liked (to like)
**reprochó (reprochar)** - reproached (to reproach)
**desanimado/a** - discouraged
**triste** - sad
**comprendió (comprender)** - understood (to understand)
**desaparecería (desaparecer)** - will disappear (to disappear)
**Bahía** - Bay
**Medio de transporte** - Means of transportation
**negar** - to deny
**perdía (perder)** - lost (to lose)
**Riqueza** - wealth
**desaparición** - disappearance
**construir** - to build
**vanidad** - vanity
**hermoso/a** - beautiful
**mármoles** - marbles
**aspecto** - appearance
**desagradable** - unpleasant
**sucio/a** - dirty
**desaliñado/a** - scruffy
**deslucirías (deslucir)** - will ruin (to ruin)
**soberbia** - arrogance
**solicitud** - request
**orgullo** - pride

**despectivo/a** - contemptuous
**contento/a** - happy
**oyó (oir)** - heard (to hear)
**desesperado/a** - desperate
**llamaba (llamar)** - called (to call)
**desconocido/a** - stranger
**pecho** - chest
**salvo (salvar)** - save (to save)
**quedé (quedarse)** - stayed (to stay)
**existir** - to exist
**contradijera (contradecir)** - contradict (to contradict)
**nunca** - never
**diferente** - different
**aliviado/a** - relieved
**agradecerle (agradecer)** - thank him (to thank)
**sabiduría** - wisdom
**salvó (salvar)** - saved (to save)
**ayudó (ayudar)** - helped (to help)
**confundido/a** - confused
**sobreviva (sobrevivir)** - survive (to survive)
**sufrimiento** - suffering
**pérdida** - loss
**creer** - to believe
**imposible** - impossible
**tiempo** - time
**temerle** - be afraid of him (to be afraid of)

# TEXTO #6 - PARTES BÁSICAS DEL CUERPO

## HUMANO

**La cabeza:**

Es la parte superior del cuerpo, conectada al **tronco** por el **cuello**. Tiene **formaovalada** y aloja al **cerebro**. En la parte frontal, denominada **rostro,** la cabeza contiene cuatro **órganossensoriales:**

* Los ojos
* La nariz
* Los oídos
* La boca

Todos envían mensajes sensoriales al cerebro — imágenes, sonidos, oloresy **sabores.** La piel, que cubre la **totalidad** del cuerpo, es el quinto órgano sensorial. Transmite **sensacionestáctiles** al cerebro.

## El cuello

Es la parte del cuerpo que **conecta** la cabeza con el tronco. Sujeta la cabeza y permite que se **balancee** de arriba hacia abajo, y de izquierda a derecha. También **protege** los **nervios** que transmiten información al cerebro.

**Tronco** - trunk

**cuello** - neck

**forma** - shape

**ovalado/a** - oval

**cerebro** - brain

**rostro** - face

**órganos** - organs

**sensoriales** - sensorial

**olores** - smells

**sabores** - flavors/flavours

**totalidad** - totality

**sensaciones** - sensations

**táctiles** - tactile

**conecta (conectar)** - connects (to connect)

**balancee (balancear)** - swings (to swing )

**protege (proteger) -** protects (to protect)

**nervios -** nerves

## El Tronco

Es la parte del cuerpo que conecta todas las otras partes. Aloja muchos órganos **internosvitales** como el **corazón**, los **pulmones**, el **estómago**, el **hígado**, los **riñones** y los órganos **reproductores**. El corazón es considerado el motor del cuerpo humano.

**internos/as -** internal

**vitales -** vital

**corazón -** heart

**pulmones -** lungs

**estómago -** stomach

**hígado -** liver

**riñones -** kidneys

**reproductores -** reproductive

## Las **extremidades**

El ser humano dispone de cuatro **extremidades**: dos **brazos** y dos **piernas**. Los brazos son las extremidades **superiores**, **conectadas** al tronco en los **laterales** superiores, uno en el lado izquierdo y otro en el derecho. El brazo **se compone** de: **hombros**, **codos**, **antebrazos,muñecas**, **palmas** y **dedos**. Gracias a nuestros brazos podemos **agarrar**, **sostener** y **trasladar** objetos.

Las **piernas** se componen de: **Caderas**, **muslos**, **rodillas**, **tobillos**, **pies** y **dedos de los pies**. Ellas nos permiten caminar, correr y saltar. Las piernas sostienen todo el **peso** del cuerpo, y nos trasladan a los lugares a los que queremos ir.

**Extremidades** - limbs

**brazos** - arms

**piernas** - legs

**superiores** - upper

**conectados/as** - connected

**laterales** - lateral

**se compone (componerse) -** is composed of (to be composed of)

**hombros -** shoulders

**codos -** elbows

**antebrazos -** forearms

**muñecas -** wrists

**palmas *(manos)* -** *palms (hands)*

**dedos -** fingers

**agarrar -** to grab

**sostener -** to hold

**trasladar -** to move

**piernas -** legs

**caderas -** hips

**muslos -** thighs

**rodillas -** knees

**tobillos -** ankles

**pie -** foot

**dedos de los pies -** toes

**peso -** weight

**Partes internas.**

El pulmón: Los pulmones nos permiten **respirar**, y son **ligeros** y **elásticos**. Como dato curioso, el pulmón derecho es más grande que el izquierdo, y está **dividido** por dos **hendiduras** llamadas **cisuras**. Entre ellos se encuentra el corazón de la **tráquea** y el **esófago**.

El estómago: Es una bolsa muscular que presenta dos **orificios:** el **cardias,** que se comunica con el esófago y el **píloro**, que lo comunica con el **intestino delgado**. Este último orificio está rodeado por un **esfínter** muscular llamado esfínterpilórico. Cuando este esfínter se **relaja,** se abre el orificio pilórico y cuando se **contrae**, se cierra. Por tanto su misión es **regular** el **paso** de alimentos del estómago al intestino.

**Respirar -** to breathe

**ligeros/as** - light

**elásticos/as** - elastic

**dividido/a  (dividir) -** divided (to divide)

**hendiduras -** slots

**cisuras -** fissures

**tráquea -** trachea

**esófago -** esophagus/oesophagus

**orificios -** vents

**cardias -** cardia

**píloro -** pylorus

**intestino delgado -** small intestine

**esfínter -** sphincter

**relaja (relajar) -** relaxes (to relax)

**contrae (contraer) -** contracts (to contract)

**regular -** to regulate

**paso -** pass

El **Páncreas**: Mide 15 centímetros de longitud y pesa 90 gramos. Es de color rosa, **amarillento**, y de **consistenciaarrugada**. Se sitúa de forma **transversal** de derecha a izquierda, **pegado** a la pared **abdominal** posterior, por detrás del estómago.

El páncreas tiene funciones **digestivas** y **hormonales.**

**Páncreas** - pancreas

**amarillento/a** - yellowish

**consistencia** - consistency

**arrugado/a** - wrinkled

**transversal** - transverse

**pegado/a** - glued

**abdominal** - abdominal

**digestivas** - digestive

**hormonales** - hormonal

El hígado: Es la **glándula** más **voluminosa** del cuerpo (pesa una media de 1500 gramos). Está situado en la parte derecha del **abdomen**, debajo del **diafragma**. Las funciones principales del hígado son:

- La formación de la **bilis**, que interviene en la **digestión** y **absorción** de grasas en el intestino.
- La función **metabólica**: interviene en el metabolismo de las **proteínas**, **glúcidos** y **lípidos**. Almacena vitaminas y metales como **hierro** y **cobre**.
- La función de **desintoxicar**: transforma materias extrañas al organismo, como **tóxicos**, **fármacos**, etc,haciéndolos **hidrosolubles** para su posterior **eliminación**, principalmente por la **orina**.

**Glándula -** gland

**voluminoso/a -** voluminous

**ovoide -** ovoid

**abdomen -** abdomen

**diafragma -** diaphragm

**bilis -** bile

**digestión -** digestion

**absorción -** absorption

**metabólica -** metabolic

**proteínas -** proteins

**glúcidos -** carbohydrates

**lípidos -** lipids

**hierro -** iron

**cobre -** copper

**desintoxicar -** to detoxify

**tóxicos -** toxics

**fármacos -** medicines

**hidrosolubles -** water-soluble

**eliminación -** elimination

**orina -** urine

El corazón: es el órgano principal del **aparatocirculatorio**. Es un músculo **estriado** y hueco que actúa como una bomba **aspirante** y **propulsora**, que aspira hacia las **aurículas** la sangre que circula por las **venas**, y la **impulsa** desde los **ventrículos** hacia las **arterias**.

El corazón está situado prácticamente en medio del **tórax**, entre los dos pulmones, encima del diafragma, delante del **raquis torácico,** separado de las **vértebras** por el esófago y la **aorta**, y detrás del **esternón** y de los **cartílagos costales**. El corazón se fija en esta situación por medio de los grandes **vasos** que salen y llegan a él, y por el **pericardio**.

Forma y orientación: el corazón tiene forma de pirámide triangular o **cono**, cuyo vértice se dirige hacia abajo, hacia la izquierda y hacia **delante**, y la base se dirige hacia la derecha, hacia arriba y un poco hacia **atrás**.

**Aparato -** system

**circulatorio -** circulatory

**estriado/a** - fluted

**aspirante** - suction

**propulsor(a)** - propellant

**aurículas** - atrium

**venas** - veins

**impulsa (impulsar)** - propels (to propel)

**ventrículos** - ventricles

**arterias** - arteries

**tórax** - thorax

**raquis torácico** - thoracic spine

**vertebras** - vertebrae

**aorta** - aorta

**esternón** - sternum

**cartílagos costales** - costal cartilages

**vasos** - vessels

**pericardio** - pericardium

**cono -** cone

**delante -** front

**atrás -** back

<u>Los riñones:</u> son un par de órganos con forma de **judía**. En su parte interna presentan una hendidura: el **hilio**, que es por donde pasan las estructuras que entran o salen del riñón. Están situados en las **fosas lumbares**, detrás del **peritoneo**, a ambos lados de la **columna vertebral**. El riñón derecho está algo más bajo que el izquierdo. Tiene una longitud de 12-14 certímetros, una anchura de 7 centímetros y un grosor de 3 centímetros. Los riñones tienen como función **expulsar** las sustancias de **desecho** y el exceso de **sales** que no necesita la sangre, regular el equilibrio de los líquidos en el cuerpo, mantener el nivel normal del **calcio** y **fósforo**, intervenir en la formación de **glóbulos rojos,** y desempeñan un papel fundamental en el control de la **presión arterial**.

**Judía -** bean

**hilio -** hilum

**fosas lumbares -** lumbar cavities

**peritoneo -** peritoneum

**columna vertebral -** vertebral column

**expulsar -** to expel

**desecho -** waste

**sales -** salts

**calcio -** calcium

**fósforo -** phosphorus

**glóbulos rojos -** red blood cells

**presión arterial -** blood pressure

El **intestino delgado**: Es un conducto músculo-**membranoso** que se extiende desde el estómago hasta el **intestino grueso**. Mide de 6 a 8 metros de longitud. En él se llevan a cabo dos funciones principales: **digestión** de alimentos y **absorción** de **sustanciasnutritivas,** que pasan a los vasos sanguíneos **linfáticos**. El intestino delgado se divide en tres partes: **duodeno, yeyuno** e **íleon**. La primera comunica con el estómago a través del **piloso,** y la tercera con el intestino grueso mediante la **válvula ileocecal**.

**Conducto** - conduct

**membranoso/a** - membranous

**intestino grueso** - large intestine

**absorción** - absorption

**linfáticos** - lymphatic

**duodeno** - duodenum

**yeyuno** - jejunum

**íleon** - ileum

**piloso** - pilous

**válvula ileocecal** - ileocecal valve

El intestino grueso: Es la última porción del tubo digestivo. Termina abriéndose al exterior por medio de un orificio llamado **ano**. Su longitud está comprendida entre 1,4 y 1,8 metros; y el calibre varía a lo largo de su extensión, pero es superior a la del intestino delgado. Una de sus funciones más importantes es la absorción de agua. El material no digerible que le llega al intestino delgado se encuentra en estado líquido. Gracias a la absorción de agua que se produce a este nivel del **tracto digestivo,** las heces adquieren la **consistenciasemisólida** que les caracteriza. El intestino grueso también se encarga del transporte y posterior **evacuación** del material **fecal**.

**Ano -** anus

**tracto digestivo -** digestive tract

**consistencia -** consistency

**semisólido/a -** semisolid

**evacuación -** evacuation

**fecal -** fecal /faecal

El cerebro:Es el órgano que alcanza mayor **volumen** en el **encéfalo**, y ocupa la **cavidadcraneal** en casi su totalidad. Su forma es ovoide con dos extremidades o polos: la anterior o **frontal**, más delgada, y la posterior u **occipital**, más gruesa. Se presenta dividido de forma incompleta en dos mitades por una cisura o hendidura profunda; cada una de las mitades se denomina **hemisferio** cerebral (derecho e izquierdo). La cisura se interrumpe en la parte inferior por formaciones nerviosas, entre las que se destaca el **cuerpo calloso**.

Pesa mil doscientos gramos aproximadamente. Su función es ser el órgano **coordinador** y regulador de todo nuestro organismo.

**Encéfalo -** encephalon

**cavidad craneal -** cranial cavity

**frontal -** frontal

**occipital -** occipital

**hemisferio -** hemisphere

**cuerpo calloso -** Corpus callosum

**coordinador(a) -** coordinator

## PREGUNTAS

1) ¿Qué conecta la cabeza con el tronco?

    a) El brazo.

    b) La pierna.

    c) El aparato digestivo.

    d) El cuello.


2) ¿Qué pulmón es más grande?

    a) El derecho.

    b) El izquierdo.

    c) Son iguales.

    d) No se dice.


3) ¿Cuáles son las funciones principales del hígado?

    a) La formación de la bilis.

    b) La función metabólica.

    c) La función de desintoxicar.

    d) Todas las anteriores.


4) ¿De qué tiene forma el corazón?

    a) Alargada.

    b) De pirámide triangular o cono.

    c) De judía.

d) Cuadrada.

5) ¿Cuál es el órgano coordinador y regulador de todo nuestro organismo?

   a) Los pulmones.
   b) El corazón.
   c) El cerebro.
   d) Los riñones.

## SOLUCIONES

1) D
2) A
3) D
4) B
5) C

## RESUMEN

En el texto se explican las principales partes del cuerpo humano y sus funciones.

## SUMMARY

The text explains the main parts of the human body and their functions.

# VOCABULARIO

**Tronco** - trunk

**cuello** - neck

**forma** - shape

**ovalado/a** - oval

**cerebro** - brain

**rostro** - face

**órganos** - organs

**sensoriales** - sensorial

**olores** - smells

**sabores** - flavors/flavours

**totalidad** - totality

**sensaciones** - sensations

**táctiles** - tactile

**conecta (conectar)** - connects (to connect)

**balancee (balancear)** - swings (to swing )

**protege (proteger)** - protects (to protect)

**nervios** - nerves

**internos/as** - internal

**vitales** - vital

**corazón** - heart

**pulmones** - lungs

**estómago -** stomach

**hígado -** liver

**riñones -** kidneys

**reproductores -** reproductive

**Extremidades -** limbs

**brazos -** arms

**piernas -** legs

**superiores -** upper

**conectados/as -** connected

**laterales -** lateral

**se compone (componerse) -** is composed of (to be composed of)

**hombros -** shoulders

**codos -** elbows

**antebrazos -** forearms

**muñecas -** wrists

**palmas *(manos)* -** *palms (hands)*

**dedos -** fingers

**agarrar -** to grab

**sostener -** to hold

**trasladar -** to move

**piernas -** legs

**caderas** - hips

**muslos** - thighs

**rodillas** - knees

**tobillos** - ankles

**pie** - foot

**dedos de los pies** - toes

**peso** - weight

**Respirar** - to breathe

**ligeros/as** - light

**elásticos/as** - elastic

**dividido/a (dividir)** - divided (to divide)

**hendiduras** - slots

**cisuras** - fissures

**tráquea** - trachea

**esófago** - esophagus/oesophagus

**orificios** - vents

**cardias** - cardia

**píloro** - pylorus

**intestino delgado** - small intestine

**esfínter** - sphincter

**relaja (relajar)** - relaxes (to relax)

**contrae (contraer)** - contracts (to contract)

regular - to regulate

paso - pass

Páncreas - pancreas

amarillento/a - yellowish

consistencia - consistency

arrugado/a - wrinkled

transversal - transverse

pegado/a - glued

abdominal - abdominal

digestivas - digestive

hormonales - hormonal

Glándula - gland

voluminoso/a - voluminous

ovoide - ovoid

abdomen - abdomen

diafragma - diaphragm

bilis - bile

digestión - digestion

absorción - absorption

metabólica - metabolic

proteínas - proteins

glúcidos - carbohydrates

**lípidos** - lipids

**hierro** - iron

**cobre** - copper

**desintoxicar** - to detoxify

**tóxicos** - toxics

**fármacos** - medicines

**hidrosolubles** - water-soluble

**eliminación** - elimination

**orina** - urine

**Aparato** - system

**circulatorio** - circulatory

**estriado/a** - fluted

**aspirante** - suction

**propulsor(a)** - propellant

**aurículas** - atrium

**venas** - veins

**impulsa (impulsar)** - propels (to propel)

**ventrículos** - ventricles

**arterias** - arteries

**tórax** - thorax

**raquis torácico** - thoracic spine

**vertebras** - vertebrae

**aorta** - aorta

**esternón** - sternum

**cartílagos costales** - costal cartilages

**vasos** - vessels

**pericardio** - pericardium

**cono** - cone

**delante** - front

**atrás** - back

**Judía** - bean

**hilio** - hilum

**fosas lumbares** - lumbar cavities

**peritoneo** - peritoneum

**columna vertebral** - vertebral column

**expulsar** - to expel

**desecho** - waste

**sales** - salts

**calcio** - calcium

**fósforo** - phosphorus

**glóbulos rojos** - red blood cells

**presión arterial** - blood pressure

**Conducto** - conduct

**membranoso/a** - membranous

intestino grueso - large intestine

absorción - absorption

linfáticos - lymphatic

duodeno - duodenum

yeyuno - jejunum

íleon - ileum

piloso - pilous

válvula ileocecal - ileocecal valve

Ano - anus

tracto digestivo - digestive tract

consistencia - consistency

semisólido/a - semisolid

evacuación - evacuation

fecal - fecal /faecal

Encéfalo - encephalon

cavidad craneal - cranial cavity

frontal - frontal

occipital - occipital

hemisferio - hemisphere

cuerpo calloso - Corpus callosum

coordinador(a) - coordinator

# TEXTO #7 – LA MEMORIA MUSCULAR Y LA

## FRECUENCIA DE ENTRENAMIENTO

La **frecuencia** de **entrenamiento** es un tema bastante discutido cuando hablamos de **mejorar,** ya sea el **rendimiento** físico o nuestra **apariencia**, es decir, mejorar cosas como la fuerza, masa muscular, resistencia, y la creación de la memoria **muscular**.

En esta ocasión hablaremos de cuál sería la **continuidad** de entrenamiento máxima, **reiterando** que lo que buscamos es o un aumento de la masa muscular o un aumento de la fuerza.

**Frecuencia -** frequency

**entrenamiento -** training

**mejorar -** to improve

**rendimiento -** performance

**apariencia -** appearance

**muscular -** muscular

**continuidad -** continuity

**reiterando (reiterar) -** reiterating (to reiterate)

Así que empecemos por explicar las cosas más básicas.

## ¿Qué es el entrenamiento?

Genéricamente, debemos definir el entrenamiento como toda práctica o conjunto de prácticas que nos lleven a **adquirir** un **perfeccionamiento** en un área determinada, tanto en nuestras **habilidades** físicas como también en lo que respecta a nuestras habilidades intelectuales (un entrenamiento ligado al conocimiento), incrementando nuestras capacidades psicofísicas y poniéndonos a prueba de distintas habilidades, **mejorando**nuestras **aptitudes** para poder afrontar una adversidad específica o para realizar una tarea determinada.

Se define entonces el entrenamiento como una especie de **analogía** a lo que es el **aprendizaje**, donde debemos tener una base de **conocimientos** específica para poder realizarlo, o bien pensar en un

**objetivo** que debe ser la base del punto de partida, considerándose como tal no solo el relativo al entrenamiento físico, sino también teniendo en cuenta la formación académica del individuo.

**Adquirir -** to achieve

**perfeccionamiento -** perfection

**habilidades -** skills

**mejorando (mejorar) -** improving (to improve)

**aptitudes -** aptitudes

**analogía -** analogy

**aprendizaje -** learning

**conocimientos -** knowledge

**objetivo -** goal

En lo que respecta al entrenamiento físico, las prácticas para poder ejercitar nuestro cuerpo tienen un **planeamiento** específico debido a que buscan **beneficiar** el **desarrollo** de un músculo en particular o bien desarrollar un **potencial** en el mismo.

Además, deben seguir una etapa previa de ejercicios **preliminares** para poder **evitarlesiones**, sumado a ejercicios **posteriores** que ayuden a hacer aún más beneficioso el ejercicio y evitar posibles **dolencias**.

Es por ello que se considera al ejercicio físico como un entrenamiento **mecánico**, en el que no podemos desviarnos de una **metodología** específica para lograr el objetivo esperado. Actualmente se proponen algunas metodologías modernas de entrenamiento **flexible** para todo tipo de atletas, así como para personas que buscan fortalecer su estado físico en general.

**Planteamiento -** plan

**beneficiar -** to benefit

**desarrollo -** development

**potencial -** potential

**preliminares -** preliminary

**evitar -** to avoid

**lesiones -** injuries

**posteriores -** later

**dolencias -** diseases

**mecánico -** mechanical

**metodología -** methodology

**flexible -** flexible

## ¿Qué es la memoria muscular?

Cualquier persona que, por fuerza mayor, lesión o similares, haya tenido que dejar de entrenar durante un periodo de tiempo considerable (6 meses por ejemplo), se habrá dado cuenta que cuando ha vuelto a su **rutina** habitual, tanto la fuerza como el músculo perdidos durante el período de **inactividad** se recuperan mucho más rápidamente que cuando los generó por primera vez.

Lo que en su día costó meses o incluso años de duro trabajo y esfuerzo esta vez lo ha logrado en unas pocas semanas. Esto se conoce coloquialmente como *Memoria Muscular.*

## ¿Qué es eso de la frecuencia de entrenamiento?

Es básicamente la cantidad de veces que ejercitamos un músculo dentro de un micro **ciclo**, es decir, unasemana. Esto quiere decir que hay que trabajar prácticamente todos los días —un mínimo de 5 y un máximo de 7 por semana.

La mayoría de gimnasios suelen mandar rutinas de **repetición** en **intervalos** cortos de tiempo, independientemente de los objetivos y del estado actual del atleta, lo cual es un grave error.

Esto se debe a que cuando entrenamos, el **incremento** muscular inducido por el ejercicio dura un máximo de 36 horas, así que si entrenamos un músculo una vez cada 7 días, ¿no crees que estemos **desperdiciando** un tiempo bastante valioso? La memoria muscular es un paso importante: cuanto más entrenas un musculo, más rápido se adapta al uso del mismo.

**Rutina -** routine

**inactividad -** inactivity

**ciclo** - cycle

**repetición** - repetitions

**intervalos** - intervals

**incremento** - increase

**desperdiciando (desperdiciar) -** wasting (to waste)


Entrenar tu cuerpo puede ser como tratar de recordar direcciones: una vez que conoces toda la ciudad es más fácil ir por ella de forma automática, y si alguien te pregunta por una calle es muy sencillo ubicarte. Cuando te **acostumbras** a un entrenamiento puedes cambiar de gimnasio, que tú ya sabrás muy bien qué hacer.

Los principiantes se benefician de **reproducciones** altas y volúmenes bajos, en torno a una **reiteración** de 3-4 veces por semana; mientras que los más avanzados, por contra, se benefician más de frecuencias con un volumen de trabajo más o menos alto.

Imaginemos ahora que el sujeto dispone de 3 días por semana. Podemos organizar el entrenamiento de tres maneras:

—De la primera manera, comenzaríamos un **lapso** de 7 **jornadas**para el tren superior y la otra con el inferior, de manera que al final del **meso ciclo** (considerado como mes), obtendríamos el mismo número de **estímulos**. Sería diferente si quisiéramos priorizar el tren superior o inferior, donde realizaríamos dos estímulos semanales de esa zona en concreto.

**acostumbras (acostumbrarse) -** you get used to (to get used to)

**reproducciones -** reproductions

**reiteraciones -** reiterations

**lapso -** lapse

**jornadas -** days

**meso ciclo -** meso cycle

**estímulos -** stimulus

—7 días trabajando brazos, pecho, espalda, cuello, y luego otros 7 días de piernas y glúteos. Otra forma es la **preparación** en **circuito**, donde igualmente obtenemos un número **elevado** de estímulos a la semana, con descansos de 48 horas entre **sesiones**.

—En cuanto a la rutina **dividida**, si el sujeto dispone de tres días semanales, el principal problema que podemos encontrarnos es la falta de estímulos. Esta metodología puede ser muy útil en los dos o tres primeros años de entrenamiento, pero llegaría un momento en el que no se **progresaría**. Por otro lado, sí que sería muy **útil** para **mantener** los **logros**, es decir, para sujetos que buscan estética corporal y que no quieren más masa muscular.

**Preparación -** preparation

**circuito -** circuit

**elevado -** elevated

**sesiones -** sessions

**dividido/a -** divided

**progresaría (progresar) -** would progress (to progress)

**útil -** useful

**mantener -** to maintain

**logros -** achievements

Hay muchas formas de preparación. Lo importante es ser **constantes** con el programa que elijamos, y buscar un buen ambiente para hacer deporte. Ya sea en casa, al aire libre o dentro de un gimnasio, tener todo lo que necesitas marca la diferencia. Una alfombra de yoga siempre es buena a la hora de hacer series de abdominales y estiramientos en general. Llevar unas zapatillas deportivas adecuadas y ropa cómoda te permitirá realizar tu preparación de forma agradable.

Y de nuevo, lo importante es ser firmes. Hacerlo diariamente al menos 3 veces a la semana, 12 veces al mes, ya sea **trimestral** o **semestral,** antes de cambiar de rutina.

Otra parte fundamental es el descanso: debe haber pausas entre un ciclo y otro. Cuando terminas una práctica de entrenamiento de al menos dos o tres meses siempre es importante descansar como mírimo un mes. Esto no quiere decir que se deba detener el entrenamiento por completo, pero es un buen momento para rutinas de estiramientos, meditación, yoga, o **procedimientos** de bajo impacto que te mantengan en buena forma física pero que no te sobreentrenen. Entrenar sin pausas puede causar lesiones severas de las cuales puedes tardar meses en recuperarte.


Al final del día los objetivos personales de cada persona deben ser **revisados** (solos o con la ayuda de un entrenador), desde la planificación de la jornada de entrenamiento hasta el esfuerzo **progresivo**. Este repaso debe hacerse siempre recordando cuál es el objetivo personal, ya sea ganar una competición o simplemente llegar a culminar un entrenamiento de forma integral. Los objetivos personales deben tener en cuenta los días de descanso e incluir un buen programa alimenticio que fomente la **hidratación** y la recuperación física.

Sin lugar a dudas, la rutina de entrenamiento es el punto de partida para obtener buenos resultados y un excelente conocimiento de sí mismo en los días de competición.

**Constantes** - continuous

**trimestral** - quarterly

**semestral** - biannual

**procedimientos** - methods

**revisados (revisar)** - revised (to revise)

**progresivo/a** - progressive

**hidratación** - hydration

## PREGUNTAS

1) ¿Por qué es importante realizar ejercicios preliminares?

   a) Para evitar lesiones.
   b) Para reforzar la memoria muscular.
   c) Para desarrollar mejor los músculos.
   d) Para no aburrirnos.

2) ¿Qué provoca la memoria muscular?

   a) Que no tengamos lesiones.
   b) Que recuperemos el músculo perdido de forma más lenta que la primera vez.
   c) Que recuperemos el músculo perdido de forma más rápida que la primera vez.
   d) Que siempre hagamos los mismos ejercicios.

3) ¿De qué se benefician los principiantes?

   a) De reproducciones altas.
   b) De volúmenes bajos.
   c) De volumen de trabajo alto.
   d) A y B son correctas.

4) ¿Cuándo es útil la rutina dividida?

a) A partir del tercer año de entrenamiento.
b) En los dos o tres primeros años de entrenamiento.
c) Siempre.
d) Nunca.

5) ¿Qué es importante a la hora del ejercicio?

a) Ser constantes con el programa.
b) Buscar un buen ambiente para hacer deporte.
c) Realizar los descansos necesarios.
d) Todas son correctas.

## SOLUCIONES

1) A
2) C
3) D
4) B
5) D

## RESUMEN

El artículo explica conceptos básicos sobre el ejercicio y sobre cómo hacerlo de forma correcta. Nos habla de la frecuencia que debe tener y de la importancia de la memoria muscular para adaptarse a diversas formas de entrenar.

## SUMMARY

The article explains some basic concepts about exercise and how to practice it well. It tells us about how frequent it must be and the importance of muscular memory to adapt to several kinds of workouts.

# VOCABULARIO

**Frecuencia** - frequency

**entrenamiento** - training

**mejorar** - to improve

**rendimiento** - performance

**apariencia** - appearance

**muscular** - muscular

**continuidad** - continuity

**reiterando (reiterar)** - reiterating (to reiterate)

**Adquirir** - to achieve

**perfeccionamiento** - perfection

**habilidades** - skills

**mejorando (mejorar)** - improving (to improve)

**aptitudes** - aptitudes

**analogía** - analogy

**aprendizaje** - learning

**conocimientos** - knowledge

**objetivo** - goal

**Planteamiento** - plan

**beneficiar** - to benefit

**desarrollo** - development

**potencial** - potential

**preliminares** - preliminary

**evitar** - to avoid

**lesiones** - injuries

**posteriores** - later

**dolencias** - diseases

**mecánico** - mechanical

**metodología** - methodology

**flexible** - flexible

**Rutina** - routine

**inactividad** - inactivity

**ciclo** - cycle

**repetición** - repetitions

**intervalos** - intervals

**incremento** - increase

**desperdiciando (desperdiciar)** - wasting (to waste)

**acostumbras (acostumbrarse)** - you get used to (to get used to)

**reproducciones** - reproductions

**reiteraciones** - reiterations

**lapso** - lapse

**jornadas** - days

**meso ciclo** - meso cycle

**estímulos -** stimulus

**Preparación -** preparation

**circuito -** circuit

**elevado -** elevated

**sesiones -** sessions

**dividido/a -** divided

**progresaría (progresar) -** would progress (to progress)

**útil -** useful

**mantener -** to maintain

**logros -** achievements

**Constantes -** continuous

**trimestral -** quarterly

**semestral -** biannual

**procedimientos -** methods

**revisados (revisar) -** revised (to revise)

**progresivo/a -** progressive

**hidratación -** hydration

# TEXTO #8 - HOTEL CASA GRANDE

Cuando me vine a vivir a Caracas **alquilé** una habitación en el Hotel Casa Grande, en la calle Francia con Altamira.

Estaba terminando de escribir mi tesis doctoral e iba a publicarla muy pronto en forma de libro. Mi amigo Miguel Guisar me ofreció un contrato para publicarlo y me dio trabajo en la editorial donde él era editor jefe.

Antes de publicar el libro me pidió que le preparara una antología de la prosa norteamericana, que iba desde Poe hasta Purdy. Con lo que me pagó y con lo que yo ganaba en la Universidad como profesor me alcanzó para **instalarme**a vivir en Caracas. En ese tiempo trabajaba en la cátedra de Introducción a la Historia en la Facultad de Humanidades, y viajaba todas las semanas a Caracas. Había alquilado una habitación en una **pensión** cerca de la estación de autobuses, y me quedaba tres días por semana en San Antonio dando clases. Tenía una vida dividida, vivía dos vidas en dos ciudades como si fuera dos personas diferentes, con otros amigos y otras circunstancias en cada **lugar**.

**alquilé (alquilar) -** rented (to rent)

**instalarme (instalarse) -** settle (to settle)

**pensión -** hostel

**lugar -** place

Lo que era igual, sin embargo, era la vida en el **cuarto** del hotel. Los **pasillos** vacíos, los dormitorios **temporales**, el clima anónimo de esos lugares donde se está siempre **de paso**. Vivir en un hotel es el mejor modo de no caer en la ilusión de "tener" una vida personal, de no tener nada personal para contar, salvo los **rastros** que dejan los otros. La pensión en San Antonio era una **casonainterminable** convertida en una especie de **hospedaje,** regentado por un estudiante crónico que vivía de **alquilar** habitaciones. La **dueña** de la casa estaba internada y el hombre le enviaba todos los meses un poco de dinero.

**Cuarto** - room

**pasillos** - corridors

**temporales** - temporary

**de paso** - passing through

**rastros** - traces

**casona** - large house

**interminable** - endless

**hospedaje** - lodging

**alquilar** - to rent

**dueño/a** - owner

La habitación que yo alquilaba era **cómoda**, con un **balcón** que se abría sobre la calle, y tenía un **techoaltísimo**. También la habitación del Hotel Casa Grande tenía un techo muyaltoy un **ventanal** que daba a la calle Francia, llena de tiendas de oro y diamantes. Las dos habitaciones tenían un armario muy parecido, con dos puertas y **estantesforrados** con papel de periódico.

Ambas contaban con grandes camas, muy cómodas, y con **sábanas** de **algodón** siempre frescas y limpias. Las **almohadas** eran celestiales, como una nube, y el **servicio dehabitaciones** era siempre **puntual**. Otra cosa que tenían en común era un ama de llaves **estricta** y **pulcra**: yo podía salir deprisa y dejar el cuarto hecho un desastre, que al volver siempre lo encontraba **ordenado**. Nunca faltó nada, ni dinero, ni pertenencias, ni un **calcetín** llegó a perderse en ninguno de estos lugares.

**Cómoda -** comfortable

**balcón -** balcony

**techo -** ceiling

**altísimo -** very tall

**ventanal -** large window

**estantes** - shelves

**forrados/as** - lined

**sábanas** - sheets

**algodón** - cotton

**almohadas** - pillows

**servicio de habitaciones** - room service

**puntual** - punctual

**estricta** - strict

**pulcro/a** - neat

**ordenado/a** - organized

**calcetín** - sock

Ahí pase una temporada larga.El hotel de San Antonio tenía un gran **recibidor** con muchos muebles y luces **cálidas** donde los **huéspedes** se sentaban a leer o esperar una habitación. No pasaba demasiado tiempo ahí, pero era un espacio muy bonito.

Yo pasaba más tiempo entre el **comedor** y la **cocina**. Había un pasillo que daba a un espacio perfecto para leer. Allí había un piano, sillas con cómodos **cojines**, una mesa para escribir cartas y una ventana que daba al **patio** de la casa, lleno de plantas y con un par de mascotas.

**Recibidor -** rereception

**cálidos/as -** warm

**huéspedes -** guests

**comedor -** dining room

**cocina -** kitchen

**cojines -** cushions

**patio -** patio

La casa de la pensión en San Antonio aún permanece allí, y todavía sigue ahí el estudiante crónico, que ahora es un viejo tranquilo que sigue alquilando las habitaciones a estudiantes y a **viajantes comerciales**, que pasan por San Antonio siguiendo la ruta del sur de la ciudad de Caracas.

También el Hotel Casa Grande sigue igual. Allí pase aún más tiempo, dos años, y me acostumbré demasiado al lugar.

Al estar en la capital era un sitio más **ruidoso** y más **rústico,** pero igual de **encantador**. Está ubicado en la calle de las pensiones, una calle muy larga donde había muchos edificiosusados como hoteles, **posadas**, **moteles**, **hostales** y **casas de alquiler**. Todos allí iban de paso o vivían ahí porque era más **económico**. Sea por lo que sea, siempre estaba lleno de gente muy variada.

**viajante comercial -** travelling salesperson

**ruidoso/a -** noisy

**rústico/a -** rustic

**encantador(a) -** charming

**posadas -** inns

**moteles -** motels

**hostales -** hostels

**casas de alquiler -** houses for rent

**económico/a -** cheap

Como ya dije antes, los cuartos se parecían mucho, pero en Casa Grande, al año de **residir** ahí me consiguieron una **lámpara** para poner en mi **mesita de noche** y así poder leer antes de dormir. También tenía un **camarero** que me traía el periódico todos los días a primera hora, y si no estaba despierto lo dejaba al pie de la puerta.

**Residir -** to reside

**lámpara -** lamp

**mesita de noche -** nightstand

**camarero/a -** waiter

En el hotel Casa Grande también tenían una mascota, un gato viejo y gordo. Supongo que ya habrá muerto, pero era una gran celebridad en los salones del hotel: todos lo acariciaban y él ronroneaba contento.

Al ser un hotel más grande tenía más **personal.** El **administrador** siempre estaba en su oficina,o en el **mostrador** junto con la **recepcionista**, atendiendo llamadas y mirando a la sala de espera del hotel, saludando a los huéspedes y extraños por igual.

Había muchas señoras de la **limpieza,** y todas tenían historias increíbles. Uno podía pasar horas escuchándolas mientras **fregaban** el **suelo** del gran hotel.

Una particularidad del hotel de Caracas eran los baños públicos.En el cuarto no había aseo, así que uno debía hacer sus necesidades en estos baños compartidos. Las duchas también estaban aparte, lo que daba una sensación de vestuario a los huéspedes, como si uno saliera de un gran partido de baloncesto directo a las duchas. Algunas personas esperaban hasta muy tarde para tener algo de **privacidad,** pero la mayoría no le prestaba ninguna atención a este hecho – por algo era un lugar muy **barato**.

Han pasado muchos años desde que dejé de vivir en hoteles, pero aun cuando voy por la ciudad y paso por a Universidad Central donde trabajo, queda muy cerca la calle de las pensiones. A veces paso por la puerta y me acuerdo de aquel tiempo en Casa Grande y La Pensión. En frente está la **confitería** Las Violetas, un café llamado El Cruce, y a dos **establecimientos** se encuentra un bar tranquilo y bier iluminado, en el cual se puede ver a la gente que vive en estos lugares bebiendo cerveza después de un largo día de trabajo. Si uno vive en una habitación de hotel debe tener uno cerca.

**Personal -** staff

**administrador(a) -** administrator

**mostrador -** desk

**recepcionista -** receptionist

**limpieza -** cleaning

**fregaban (fregar) -** mopped (to mop)

**suelo -** floor

**privacidad -** privacy

**barato -** cheap

**confitería -** sweet shop/candy shop

**establecimientos -** establishments

## PREGUNTAS

1) ¿Por qué el protagonista de la historia vivía entre dos ciudades?

    a) Por amor.
    b) Para hacer turismo.
    c) Porque le salía más barato.
    d) Por trabajo.


2) ¿Quién regentaba la pensión en San Antonio?

    a) Una señora mayor.
    b) Un estudiante.
    c) Un matrimonio.
    d) Una chica joven.


3) ¿Qué le llevaba el camarero todas las mañanas en el Hotel Casa Grande?

    a) El desayuno.
    b) El teléfono.
    c) El periódico.
    d) Unas sábanas limpias.


4) ¿Qué particularidad tenían los baños del hotel?

    a) Eran muy lujosos.

b) Eran compartidos.

c) Eran de pago.

d) No había.

5) ¿Cómo se llama la confitería que hay en frente del hotel?

a) Las Violetas.

b) El Cruce.

c) La posada.

d) Confitería Caracas.

## SOLUCIONES

1) D
2) B
3) C
4) B
5) A

## RESUMEN

Es la historia de un profesor y escritor que tiene la oportunidad de trabajar para una editorial. Él debe transladarse a la gran ciudad, pero ya tiene un trabajo en una pequeña ciudad universitaria. Durante meses vivirá entre las dos ciudades, alojándose en hostales.

## SUMMARY

This is the story of a teacher and writer who gets the opportunity to work for a publishing house. He must move to the big city, but he already has a job in a small town. During months he will live between both cities, renting hostel rooms.

# VOCABULARIO

**alquilé (alquilar) -** rented (to rent)

**instalarme (instalarse) -** settle (to settle)

**pensión -** hostel

**lugar -** place

**Cuarto -** room

**pasillos -** corridors

**temporales -** temporary

**de paso -** passing through

**rastros -** traces

**casona -** large house

**interminable -** endless

**hospedaje -** lodging

**alquilar -** to rent

**dueño/a -** owner

**Cómoda -** comfortable

**balcón -** balcony

**techo -** ceiling

**altísimo -** very tall

**ventanal -** large window

**estantes -** shelves

**forrados/as -** lined

**sábanas** - sheets

**algodón** - cotton

**almohadas** - pillows

**servicio de habitaciones** - room service

**puntual** - punctual

**estricta** - strict

**pulcro/a** - neat

**ordenado/a** - organized

**calcetín** - sock

**Recibidor** - rereception

**cálidos/as** - warm

**huéspedes** - guests

**comedor** - dining room

**cocina** - kitchen

**cojines** - cushions

**patio** - patio

**viajante comercial** - travelling salesperson

**ruidoso/a** - noisy

**rústico/a** - rustic

**encantador(a)** - charming

**posadas** - inns

**moteles** - motels

**hostales** - hostels

**casas de alquiler** - houses for rent

**económico/a** - cheap

**Residir** - to reside

**lámpara** - lamp

**mesita de noche** - nightstand

**camarero/a** - waiter

**Personal** - staff

**administrador(a)** - administrator

**mostrador** - desk

**recepcionista** - receptionist

**limpieza** - cleaning

**fregaban (fregar)** - mopped (to mop)

**suelo** - floor

**privacidad** - privacy

**barato** - cheap

**confitería** - sweet shop/candy shop

**establecimientos** - establishments

# TEXTO #9 - SERAFÍN EL GRILLO VIAJERO

Serafín vivía entre flores y piedras, a **orillas** de un arroyo no muy **profundo**, en el norte.

Vivía allí con muchos hermanos, primos, y amigos, todos grillos.

Se pasaba el día jugando, saltando de flor en flor y de piedra en piedra, y a veces, sobre todo a la hora de la siesta y del **atardecer**, se juntaban para cantar.

Entre ellos vivía un grillo grande y gordo. Era un grillo abuelo. Él les contaba muchas veces a los grillitos que tenía**parientes** en todo el país, hasta en Buenos Aires.

— ¡Qué bien! —Exclamó Serafín— ¡Yo quiero ir a visitarlos! ¿Cómo puedo llegar a Buenos Aires? — preguntó.

**Orillas -** shore

**profundo/a -** deep

**atardecer -** sunset

**parientes -** relatives

— No, no puedes! —Respondió el grillo viejo— ¡Está muy lejos para un grillo! ¡No vas a llegar!

Serafín se sintió triste, pero no perdió las ganas de ir. Un día, sentado en lo alto de una piedra miraba pasar el **rápido** agua del arroyo, envidiándola un poco porque podía ir a otros lados y preguntó:

— ¿Y el agua del arroyo no llega a Buenos Aires? ¿No puedo ir por el agua?

— ¡Creo que llega, sí! —Dijo el viejo grillo— ¡Pero está muy lejos para un grillo! ¡Y no puedes nadar por tanto tiempo, te ahogarías!

Pero Serafín ya se había decidido. Y al ver pasar un trozo de **maderaresistente** que flotaba **sobre** la **corriente**, dio un salto, y gritó:

— ¡Adiós! ¡Me voy a Buenos Aires! **¡Cri**, **cri**! ¡Me voy a visitar a nuestros parientes! ¡Cri, cri!

Se montó un gran revuelo, y sus amigos gritaron:

— ¡Es Serafín! ¡Mirad! ¡Se va a Buenos Aires! —decían **debajo** de los árboles.

Y muchos le gritaron «¡Buen viaje! —**allado** del arroyo».

Otros: «¡Suerte! ¡Cuídate mucho! ¡Saludos! —**entre** rocas y troncos».

**rápido/a -** fast

**madera -** wood

**resistente -** tough

**sobre -** on

**corriente -** current

**Revuelo -** commotion

**cri -** the sound of a cricket

**debajo -** under

**al lado de -** next to

**entre -** between

Como hacía mucho calor, Serafín, que iba muy contento, se quedó medio dormido. Se **estiró** sobre la madera y se dejó llevar. **Depronto,** un **golpe** seco **sacudió** la madera y se despertó **sobresaltado**.

¿Con qué había **chocado**? Miró para arriba, y vio una pared muy alta. Miró para un **lado** y vio que esa pared era muy larga. Miró para el otro lado y la pared era muy larga también hacia allí. ¿Sabes ya contra qué chocó? ¡Sí! ¡Muy bien! ¡Contra un barco!

Cuando se dio cuenta de que esa cosa **enorme** se **movía** por el agua, no se lo pensó dos veces, y de un salto, se **subió**. Una vez en el barco, vio a un marinero que **barría** la cubierta, y pensó que debía tener cuidado con ese muchacho y su escoba. Por si acaso, no dijo ni "cri".

Buscó un **rincón** entre unas cuerdas y admiró el paisaje: veía **inmensas** montañas, arroyos que **desembocaban** en el río, algunas lanchas, pueblos. ¡El viaje le estaba gustando mucho!

**estiró (estirarse) -** stretched (to stretch)

**de pronto -** suddenly

**golpe -** hit

**sacudió (sacudir) -** shook (to shake)

**sobresaltado/a -** startled

**chocado (chocar) -** crashed (to crash)

**lado -** side

**enorme -** huge

**movía (mover) -** moved (to move)

**subió (subir) -** climbed (to climb)

**barría (barrer) -** swept (to sweep)

**rincón -** corner

**inmensas -** immense

**desembocaban (desembocar) -** flowed into (flow into)

Cuando llegó la noche, vio muchas **luces**a un lado y otro del río Paraná. Incluso una **cadena** de luces que unía las dos orillas. ¿Sabes dónde estaba? ¡No! No era Buenos Aires, aunque sí era una ciudad, mejor dicho, dos: una a cada lado del río. Y entre **ambas**, un puente.

Serafín estaba muy emocionado. Iba viendo que el **terreno** se volvía más **plano**, vio otras ciudades, otros puentes. ¿Por dónde iba? ¡No, no había llegado a Buenos Aires todavía! Pasaron por muchos otros sitios.

Vio cada vez más y más **islas**. Poco a poco, la costa estaba cada vez más poblada. Y por la noche, miles de luces se reflejaban en el agua.

Al día siguiente, llegaron al puerto de Buenos Aires. ¡Qué emoción sintió Serafín! ¡Había **logrado** llegar! Pero enseguida, su alegría se volvió **alarma** y **preocupación**.

Cuando bajó del barco tuvo que correr para cruzar la calle por la que pasaban cientos de coches, camiones y motos. Y en las aceras, ¡cientos de pies casi lo **pisan**!

**Luces** - lights

**cadena** - chain

**ambas** - both

**terreno** - land

**plano/a** - flat

**islas** - islands

**logrado (lograr)** - achieved (to achieve)

**alarma** - alarm

**preocupación -** worry

**pisan (pisar) -** walks on (to walk on)

— ¡Ay! —Dijo—, ¡en qué **lío** me he metido! ¡Aquí todo es cemento, piedra, asfalto! ¡Y cuánto ruido hay! ¡Nunca voy a poder escuchar ni un "cri"! ¿Cómo voy a encontrar a mis primos?—pensó.

**Concuidado**, **pegado** a la pared alta de color rojo, fue **avanzando**, salto tras salto. Cuando debía cruzar una calle, saltaba lo más rápido que podía, y **suspiraba** de **alivio** al estar al otro lado. Así, **manzana** a manzana, llegó por fin a una plaza. ¡Qué alivio sentir un poco de hierba, poder **recostarse** al pie de un inmenso árbol! Allí durmió una buena siesta. Cuando oscureció, despertó porque le pareció escuchar algo conocido. ¡Y efectivamente, ahí sonaban, uno, dos…**decenas** de grillos!

¡Qué alegría! De inmediato empezó a buscarlos y los encontró por toda la plaza. ¡Y pronto ya estaba entre ellos, y todos juntos cantaban, charlaban y se divertían! Los grillos porteños no salían de su asombro, y preguntaban:

— ¿En serio has venido desde tan lejos? ¡Pero ése es un viaje muy largo! ¿Cómo **aguantaste** tanto? ¡Qué héroe! ¡Te felicitamos!

**Lío -** trouble

**con cuidado -** carefully

**pegado -** next to

**avanzando (avanzar) -** moving forward (to move forward)

**suspiraba (suspirar) -** sighed (to sigh)

**alivio -** relief

**manzana *(buildings)* -** block

**recostarse -** to lie back

**decenas -** tens

**aguantaste (aguantar) -** held on ( to hold on)

Y Serafín se sentía emocionado y feliz, y contaba algunas de las cosas que había visto.

Así pasaron los días, **rebotando**, **danzando** de un lado a otro por la gran ciudad, sus **interminables** áreas verdes y sus **formidables** árboles y una noche. Mientras hablaban en una plaza junto a un restaurante, escuchó cómo una señora allí sentadale contaba a su amiga que al día siguiente **partía** para visitar a su hijo que vivía en España.

**rebotando (rebotar) -** bouncing (to bounce)

**danzando (danzar) -** dancing (to dance)

**interminables -** endless

**formidables -** fantastic

**partía (partir) -** left (to leave)

Nuestro héroe Serafín no lo pensó ni una vez. ¡No! De un brinco, se subió al bolso de la dama y, antes de meterse en él, se despidió de sus primos:

— ¡Adiós! ¡Me voy a España!

— ¿Qué? —Gritaron— ¡Serafín se va a España, ten cuidado hombre! ¡Pásalo muy bien y vuelve pronto!

Varias veces vivió momentos peligrosos cuando las manos de la mujer entraban al bolso a sacar el monedero, o guardarlo, o a sacar las llaves.

Entonces Serafín se hacía lo más pequeño posible y se pegaba al fondo, para que no lo descubriera.

Al día siguiente, la señora desayunó, cogió una maleta y el bolso, llamó un taxi y se fue al aeropuerto de Buenos Aires. Allí estuvieron esperando bastante, y después facturaron la maleta. El bolso pasó por un escáner, donde por suerte Serafín pasó **desapercibido**. Tal vez el guardia pensó que era un broche.

En el avión **aprovechó** para mirar por la ventana. Estaban a mucha altura y desde arriba todo se veía **minúsculo** y **lejano**. Serafín estaba sorprendido de la diferencia, ya que desde elsuelo todo **parecíamonumental**. Cuando **anunciaron** el aterrizaje, volvió rápidamente al bolso. Escuchó que aterrizarían en Barcelona y entonces, de pronto sintió dudas: ¿Harán los grillos en Barcelona "cri, cri" en el mismo idioma que yo? ¿Y si no los entiendo, y ellos no me entienden? ¡Qué **imprudente** soy! ¿Por qué me metí en este lío?

Pero no tuvo tiempo de pensar con más **detalle** lo que ocurría a su **alrededor**, porque la señora ya había pasado la aduana y estaba a punto de coger un taxi.

Tomó **impulso** y de un salto salió a tierra española, y volvió a temer por su vida en las interminables calles de Barcelona, pero pronto alcanzó una plaza y se puso a descansar. Al atardecer, comenzaron a sonar los "cri, cri" de los grillos lugareños y se puso muy contento, porque los entendía. ¡Se acercó a saludarlos y lo recibieron muy bien!

**desapercibido/a** - unnoticed

**aprovechó (aprovechar)** - took advantage of (to take advantage of)

**minúsculo** - minuscule

**lejano** - far

**parecía (parecer)** - seemed (to seem)

**monumental** *(colloq)* - monumental

**anunciaron (anunciar)** - announced (to announce)

**imprudente** - imprudent

**detalle** - detail

**alrededor** - around

**impulso** - impetus

Allí se quedó un buen tiempo, compartiendo sus experiencias con todos sus parientes españoles, que no salían de su asombro por este joven grillo que logró cruzar el mar.

## PREGUNTAS

1) ¿Cómo comenzó Serafín su viaje?

    a) Andando.

    b) En un coche.

    c) En un trozo de madera resistente.

    d) En un tren.

2) ¿Contra qué chocó Serafín?

    a) Contra un barco.

    b) Contra una isla.

    c) Contra un pez.

    d) Contra un hombre que nadaba.

3) ¿Dónde encontró Serafín a los grillos en Buenos Aires?

    a) En el puerto.

    b) En una plaza.

    c) En un bar.

    d) No los encontró.

4) ¿Dónde viaja Serafín a España?

    a) En la maleta de un hombre.

    b) En la chaqueta del piloto.

c) En la mochila de un niño.

d) En el bolso de una señora.

5) ¿Qué temió Serafín al aterrizar en Barcelona?

a) Que no hablaran el mismo idioma.

b) Perderse.

c) Que le pisaran.

d) No hacer amigos.

## SOLUCIONES

1) C
2) A
3) B
4) D
5) A

## RESUMEN

Es la historia de un grillo aventurero llamado Serafín, que vive en un lugar remoto de Argentina y que sueña con viajar por el mundo al descubrir que todos los grillos son familia.

## SUMMARY

This is the short tale of an adventurous cricket named Serafín, who lives in a faraway place in Argentina and dreams about traveling around the world when he finds out that all the crickets are family.

# VOCABULARIO

**Orillas** - shore

**profundo/a** - deep

**atardecer** - sunset

**parientes** - relatives

**rápido/a** - fast

**madera** - wood

**resistente** - tough

**sobre** - on

**corriente** - current

**Revuelo** - commotion

**cri** - the sound of a cricket

**debajo** - under

**al lado de** - next to

**entre** - between

**estiró (estirarse)** - stretched (to stretch)

**de pronto** - suddenly

**golpe** - hit

**sacudió (sacudir)** - shook (to shake)

**sobresaltado/a** - startled

**chocado (chocar)** - crashed (to crash)

**lado** - side

**enorme** - huge

**movía (mover)** - moved (to move)

**subió (subir)** - climbed (to climb)

**barría (barrer)** - swept (to sweep)

**rincón** - corner

**inmensas** - immense

**desembocaban (desembocar)** - flowed into (flow into)

**Luces** - lights
**cadena** - chain
**ambas** - both
**terreno** - land
**plano/a** - flat
**islas** - islands
**logrado (lograr)** - achieved (to achieve)
**alarma** - alarm
**preocupación** - worry
**pisan (pisar)** - walks on (to walk on)
**Lío** - trouble
**con cuidado** - carefully
**pegado** - next to
**avanzando (avanzar)** - moving forward (to move forward)
**suspiraba (suspirar)** - sighed (to sigh)
**alivio** - relief
**manzana *(buildings)*** - block
**recostarse** - to lie back
**decenas** - tens
**aguantaste (aguantar)** - held on ( to hold on)
**rebotando (rebotar)** - bouncing (to bounce)
**danzando (danzar)** - dancing (to dance)
**interminables** - endless
**formidables** - fantastic
**partía (partir)** - left (to leave)
**desapercibido/a** - unnoticed
**aprovechó (aprovechar)** - took advantage of (to take advantage of)

**minúsculo** - minuscule
**lejano** - far
**parecía (parecer)** - seemed (to seem)
**monumental** *(colloq)* - monumental
**anunciaron (anunciar)** - announced (to announce)
**imprudente** - imprudent
**detalle** - detail
**alrededor** - around
**impulso** - impetus

## TEXTO #10 - EL HUERTO

En casa de Teresa había un bonito huerto donde su abuelo Tomás **disfrutaba** plantando todo tipo de verduras: rábanos, pepinos, habas, espinacas, acelgas, calabacines y árboles frutales. Había un naranjo, un olivo con hermosas aceitunas, y un gran limonero que daba unos limones muy jugosos. La jardinería era lo que más le **gustaba** a su abuelo y todas las mañanas se despertaba y se **regocijaba** cuidando de sus plantas

Pero a Teresa no le **gustaban** mucho las verduras.

Los rábanos, pepinos y calabacines le **disgustaban**, le parecían **insípidos**; y las habas, espinacas y acelgas le resultaban **repulsivas**.

—Saben a césped —decía molesta—, prefiero comer patatas fritas y una hamburguesa.

Y ni hablar de las coliflores, alcachofas y berenjenas…«¡**Asqueroso!** ¡Nada de eso tienebuen **sabor**!»

**disfrutaba (disfrutar) -** enjoyed (to enjoy)

**gustaba (gustar) -** liked (to like)

**regocijaba (regocijarse) -** rejoiced (to rejoice)

**disgustaban -** disliked

**insípidos/as -** tasteless

**repulsivos/as -** repulsive

**asqueroso/a -** disgusting

## **sabor -** taste

Su abuelo la miraba con una sonrisa cómplice.

—Un día vas a tener que comer bien, nieta, porque aunque no te **apasionen** las verduras y la alimentación sana, el que no come bien enferma, y el que enferma no puede comer patatas fritas.

Así que su abuelo continuó cuidando su adorado huerto, plantando muchos tomates y muchas lechugas.

—A mí sí me gustan las verduras —decía al plantarlas con alegría.

Todas las mañanas, un pajarito azul se daba una vuelta por el huerto y desayunaba hojas de lechuga.

— ¿Ves? —le dijo a su nieta una mañana— Hasta al pájaro le **apetecen** las verduras, sabe que son buenas.

—Es un pájaro, ellos no comen patatas fritas —dijo su nieta, molesta—. Las patatas fritas con ketchup son la comida que más **disfruto** en el mundo, ya que son muy **sabrosas**.

**apasionen (apasionar) -** love (to love)

**apetecen (apetecer) -** fancies (to fancy)

**disfruto (disfrutar) -** enjoy (to enjoy)

**sabrosos/as -** tasty

—Muy bien, come patatas fritas. Pero cuando te pongas mala no digas que no te lo advertí —le dijo su abuelo, preocupado.

Teresa solo comía comida basura porque era lo que más le gustaba: patatas fritas, hamburguesas, queso fundido... todo le parecía **delicioso** y le **fascinaba.**

Pero una mañana Teresa amaneció sintiéndose mal, con ganas de **vomitar** y **náuseas.**

—No puede ser. ¿Será por tanta comida basura? —se preguntó, y pasó toda la tarde del sábado enferma.

Se había dado cuenta de que lo que le gustaba no era siempre lo que le **convenía**, porque la comida basura la había hecho enfermar. También se dio cuenta de que su abuelo tenía razón, no había nada de maloen comer y saborear los vegetales.

Después de ir al médico y ver que tenía problemas de salud empezó a visitar a una nutricionista, que le dijo todas las cosas buenas que podía hacer para **mejorar** y empezar a disfrutar de los vegetales y de otros productos que harían su vida más sana y feliz.

**delicioso/a -** delicious

**fascinaba (fascinar) -** fascinated (to fascinate)

**vomitar -** to vomit

**náuseas -** nausea

**convenía (convenir) -** was advisable (to be advisable)

**gustar -** to like

**mejorar -** to improve

Teresa empezó a **experimentar** con los alimentos. Algunos tenían **buen sabor**, otros seguían sin gustarle ni una pizca, pero se los comía de todas formas porque quería estar sana. Sentirse mal no era una opción, **odiaba** la idea de volver a ponerse enferma. Algunos alimentos empezaron a gustarle tanto que los comía a diario. Las zanahorias, la lechuga y los tomates eran básicos ahora, y disfrutaba muchísimo haciendo ensaladas e incluyéndolos en las comidas.

Ahora también le **satisfacía** ayudar a su abuelo en el huerto. Ambos recogían las verduras frescas todas las mañanas. Con cada estación crecían vegetales nuevos: berenjenas, coliflor, nabos... lo que les hacía muy felices a ambos.

— ¿Te acuerdas cuando decías que todo esto te sabía mal? —Le dijo su abuelo bromeando—. No he conocido nunca a una chica que **despreciara** tanto los vegetales. Recuerdo que cuando eras pequeña y te daba papilla de zanahoria ponías **cara deasco**. De verdad te **repugnaba** todo lo relacionado con comer bien.

**Experimentar -** experiment

**odiaba (odiar) -** hated (to hate)

**satisfacía (satisfacer) -** satisfied (satisfy)

**despreciara (despreciar) -** disregarded (to disregard)

**cara de asco -** Look of disgust

**repugnaba (repugnar) -** disgusted (to disgust)

Teresa se puso roja como un tomate, pero su abuelo empezó a **reír**, y le hacía mucha **gracia** la risa de su abuelo, así que ella empezó a reír también.

—Es cierto, me daban mucho asco, todo me repugnaba hasta ahora. No me gustan todas las verduras pero debo ser honesta y admitir que algunas son deliciosas, y su sabor es muy **bueno**. Hay muchas otras que aún debo aprender a apreciar, pero creo que ahora voy en la dirección correcta.

Su abuelo le dio un abrazo.

—Pues estoy muy **satisfecho** de oír eso, eres mi nieta y quiero que vivas muchos años. Las cosas no son blancas o negras, puedes comer bien y variar la dieta para comer cosas que te gusten, pero teniendo en cuenta que no puedes abusar de ellas porque puedes volver a ponerte enferma y nos preocuparías mucho a todos.

Teresa sonrió. Su abuelo tenía razón, solo debía equilibrar sus hábitos alimenticios como lo hacía con el resto de su vida. Su abuelo siempre había disfrutado comiendo sano, tenía 75 años y **gozaba** de una excelente salud.

—Yo tengo 21 —pensó Teresa—, si puedo adaptarme a este estilo de vida podré vivir alegre y saludablemente como tú. Gracias por insistir y creer en que podía mejorar.

Su abuelo solo sonrió y dijo:

—Siempre hay tiempo para mejorar las cosas. Ahora ayúdame a quitar la maleza del huerto. Y así, ambos pasaron esa y muchas otras mañanas cuidando y disfrutando del huerto, y **saboreando** todas sus bondades.

**satisfecho/a -** satisfied

**gozaba (gozar) -** enjoyed (to enjoy)

**saboreando (saborear) -** tasting (to taste)

## PREGUNTAS

1) ¿Qué le ocurre a Teresa?

    a) No le gustan las patatas fritas.
    b) No le gustan las verduras.
    c) No le gustan las hamburguesas.
    d) No le gusta ninguna comida.

2) ¿Quién cuidaba el huerto?

    a) Teresa.
    b) El padre de Teresa.
    c) La madre de Teresa.
    d) El abuelo de Teresa.

3) ¿Cuál era la comida favorita de Teresa?

    a) La comida basura.
    b) Las verduras.
    c) La pasta.
    d) Ninguna – todas le parecían repugnantes.

4) ¿Qué ocurre para que Teresa cambie de opinión?

    a) Se pone enferma por no dormir.
    b) Se pone enferma por comer muchas verduras.

c) Se pone enferma por comer mucha comida basura.

d) Se pone enferma porque hace frío.

5) ¿Qué alimentos son básicos para Teresa ahora?

a) Las hamburguesas.

b) Las patatas fritas.

c) La carne.

d) Las zanahorias, la lechuga y los tomates.

## SOLUCIONES

1) B

2) D

3) A

4) C

5) D

## RESUMEN

A Teresa no le gustan las verduras. Su abuelo cultiva su propio huerto y la anima a participar y disfrutar de los beneficios de la comida sana. Teresa no quiere saber nada de eso porque a ella sólo le gusta el sabor de la comida procesada.


## SUMMARY

Teresa doesn't like veggies. Her grandfather grows his own garden and encourages her to participate and enjoy the benefits of healthy food. Teresa doesn't want to know anything about it because she only likes the taste of processed food.

# VOCABULARIO

**disfrutaba (disfrutar)** - enjoyed (to enjoy)

**gustaba (gustar)** - liked (to like)

**regocijaba (regocijarse)** - rejoiced (to rejoice)

**disgustaban** - disliked

**insípidos/as** - tasteless

**repulsivos/as** - repulsive

**asqueroso/a** - disgusting

**sabor** - taste

**apasionen (apasionar)** - love (to love)

**apetecen (apetecer)** - fancies (to fancy)

**disfruto (disfrutar)** - enjoy (to enjoy)

**sabrosos/as** - tasty

**delicioso/a** - delicious

**fascinaba (fascinar)** - fascinated (to fascinate)

**vomitar** - to vomit

**náuseas** - nausea

**convenía (convenir)** - was advisable (to be advisable)

**gustar** - to like

**mejorar** - to improve

**Experimentar** - experiment

**odiaba (odiar)** - hated (to hate)

**satisfacía (satisfacer)** - satisfied (satisfy)

**despreciara (despreciar)** - disregarded (to disregard)

**cara de asco** - Look of disgust

**repugnaba (repugnar)** - disgusted (to disgust)

**satisfecho/a** - satisfied

**gozaba (gozar)** - enjoyed (to enjoy)

**saboreando (saborear)** - tasting (to taste)

# Conclusion

*"One language sets you in a corridor for life.*
*Two languages open every door along the way."*
-Frank Smith

A new language would truly open lots of new doors that you never thought existed. I hope this book was able to help you with that. A lot of effort has gone through the making and publication of this book, but knowing that I am able to at least pave the way for you to continue learning Spanish---and have fun while you're at it---makes all the effort worthwhile.

After reading the ten stories found in this book, you should already be able to make a headway in learning Spanish. You'll have learned hundreds of useful new vocabulary to add to your memory bank, and you'll find that your confidence at reading and writing will have improved, too. That, aside from the pronunciation and listening practice provided by the added audio.

If you found this book useful to you, you can support this book by leaving a review in Amazon, and it would be truly appreciated and valued.

Thank you so much.

# Instructions on how to use the audio

You'll find that the links to the audio are directly provided within the stories inside the e-book. This will make it easier and faster for you to access those MP3 files. For ipad users and non-dropbox users, however, here are additional instructions:

The link to download the MP3 :

http://mydailyspanish.com/download-volume-2/

- This product is completely compatible with all iOS devices but due to the limited control of the file system in Apple devices, you'll first need to download the files to your computer. Here are the steps.

## 1. Download to your computer

- Using either the download link you received in your email after your purchase or via your user account, download the .zip file to your computer.
- Note: these files can be large so don't try opening the .zip file until your browser tells you that it has completed the download successfully (usually a few minutes on a broadband

connection but if your connection is unreliable it could take 10 to 20 minutes).

## 2. Expand the .zip file

- If you computer is set-up to automatically expand .zip files upon download then you'll find a folder in your Downloads folder. Otherwise, just double click on the .zip file and it will automatically expand the file into a folder with the mp3 and PDF files.

## 3. Import the file in iTunes

- In iTunes, select the File > Add To Library menu item. Navigate to the folder where the My Daily Spanish folder is and select all the mp3 files. Click Open.
- If your iTunes is set to its default options, it will copy all the My Daily Spanish mp3 files into the iTunes Media Library.(To make sure the files are copied to your internal library, go to iTunes > Preferences° and click on "Advanced" tab. You should see it below.)

## 4. Sync your iPad/iPhone with iTunes/iCloud

- All your audio files should now appear in Learn Spanish artist.

Alternative:

- You can also check out this video here: https://www.youtube.com/watch?v=a_1VDD9K Jhc?

- You can skip the first 1 minute and 20 seconds of the explanation.

If you still face some issues, please contact me at contact@mydailyspanish.com

With that, I thank you for purchasing this book and I hope you will have a great time learning with these stories.

Thank you.

**Trouble to download the MP3** ? Contact Lydia at contact@mydailyspanish.com

Thank you again.

Printed in Great Britain
by Amazon